Bordeaux

Manfred Görgens

Inhalt

Das Beste zu Beginn
S. 4

Das ist Bordeaux
S. 6

Bordeaux in Zahlen
S. 8

Was ist wo?
S. 10

Augenblicke
Lichtgeburt
S. 12
Flaschenkost
S. 14
Liebe, Frieden, TNT
S. 16

Ihr Bordeaux-Kompass
15 Wege zum direkten Eintauchen in die Stadt
S. 18

1 Hoch hinauf und mitten durch – **Türme und Tore**
S. 20

2 Essen an der frischen Luft – **Quartier St-Pierre**
S. 25

3 Kultureller Rundumschlag – **im Musée d'Aquitaine**
S. 28

4 Sonne des Südens – **neues Leben am alten Hafen**
S. 32

5 Welterbe im Schweinsgalopp – **die Place de la Bourse**
S. 35

6 Wie Bordeaux tickt – **die Esplanade des Quinconces**
S. 39

7 Shop the top – **im Triangle d'Or**
S. 43

8 Pracht in Bordeaux-Grün – **vom Jardin Public nach St-Seurin**
S. 48

9 Doppelt yuppisiert – **Chartrons und die Fremden**
S. 51

10 Flotte Manöver – **Hangars und Hipster**
S. 54

11 Trauben modern statt schal – **die Cité du Vin**
S. 59

12 Bordeaux gegenüber – **eine Zukunft für La Bastide**
S. 62

13 Pilz aus dem Boden – **ein Bahnhofsviertel schießt**
S. 66

14 Ferien des Monsieur Rouge – **St-Émilion und sein Wein**
S. 70

15 Austern, Sand und Vögel – **Arcachon und die Düne**
S. 74

Bordeaux' Museumslandschaft
S. 78

Bedeutend Peripheres
S. 81

Le Schwips
S. 83

Pause. Einfach mal abschalten
S. 84

 In fremden Betten
S. 86

 Satt & glücklich
S. 90

 Stöbern & entdecken
S. 98

 Wenn die Nacht beginnt
S. 104

Hin & weg
S. 110

O-Ton Bordeaux
S. 114

Register
S. 115

Abbildungsnachweis/Impressum
S. 119

Kennen Sie die?
S. 120

Das Beste zu Beginn

Partout utopietauglich
Sie joggen, sie radeln, die Bordelaiser. Vorn ist immer dort, wo die Vision leuchtet. Im Verlangen nach Zukunft realisieren sie Schritt für Schritt die autofreie Innenstadt. Zum Konzept gehört eine Tram im Verbund mit Mietfahrrädern. Der Rest wird bereitwillig zu Fuß erledigt.

Lang lebe der Meister!
Seit Kriegsende sind einige Jährchen vergangen. Kaum zu glauben: In dieser Zeit hatte Bordeaux – von zwei Kurzregenten abgesehen – nur die beiden Bürgermeister Jacques Chaban-Delmas (1947–95) und Alain Juppé (1995–2004, seit 2006). Solange die Bilanz stimmt, ist konservativ offenbar kein Beinbruch.

Schienenkracher: Bordeaux und die Tram
Der ideale Auftakt: alle drei Tram-Linien einmal auf und ab. Die Linie A verbindet den Flughafen Mérignac über La Bastide mit Lormont. Linie B folgt von Bacalan aus dem Garonne-Ufer und knickt dann in den Stadtteil Pessac ab. Linie C erschließt vom Bahnhof St-Jean aus die südlichen Quais, dann Chartrons, Lac und Blanquefort (www.infotbm.com).

Der Mann aus Dortmund
Als die Nazis Bordeaux räumen mussten, wollten sie Hafen und Altstadt sprengen. Unteroffizier Heinz Stahlschmidt vereitelte den Plan, indem er das Munitionsdepot in die Luft jagte. Als nunmehr französischer Staatsbürger Henri Salmide lebte der gebürtige Dortmunder bis zu seinem Tod 2010 in Bordeaux.

Trouver la tristesse en tango
Mit dem Tango Festival im Mai verhält es sich wie mit Ei und Henne: Gab es zuerst Bordeaux' Faible für Milongas im Wohnzimmer, oder hat das Fest den Tango Argentino über die Garonne verteilt? Tanzevents auf www.tangobordeaux.info, www.milongarouge.fr und www.bordeaux-tango-festival.com.

Das Beste zu Beginn

Apéro Bordeaux
Unter *apéro* versteht Frankreich die feuchte Geselligkeit mit Häppchen vor der eigentlichen Mahlzeit. Die Krönung ist Apéro Bordeaux, eine schrille Party-Reihe, die durch Europa tingelt und reichlich Anlass zur Verkostung bester Bordeaux-Weine gibt. Nach Anmeldung im Web hat man die Chance, als Teilnehmer ausgelost zu werden.

Verrückter Surfspot
Am nächsten Morgen traut man seinen Augen nicht: Fließt die Garonne heute in die falsche Richtung? Ja, tut sie, denn die Gezeiten saugen oder drücken. *Mascaret* nennt man eine Welle, die bei günstigen Bedingungen sogar Surfer landeinwärts trägt. Wo Salz- auf Süßwasser trifft, entsteht durch Chemie die suppig-braune Farbe des Flusses.

Space Oddity
Fffffuck! Wie Schmitz' Katze geht es vom Aéroport Mérignac ab in Richtung Orbit, um dann aber per Sturzflug in die Schwerelosigkeit abzuknicken. Zum Preis von schlappen 6000 € bietet Novespace betuchten Draufgängern diesen Kick sondergleichen (www.airzerog.com).

Muss oder muss nicht?
Während Venedig gegen die Kreuzfahrer kämpft, hechtet Bordeaux dem Dampfertourismus nach. Der 2013 vollendete Pont Jacques Chaban-Delmas wurde als Hubbrücke gebaut, damit Kreuzfahrtschiffe unter der gelifteten Fahrbahn hindurch direkt in die Altstadt stinken können.

Bordeaux erschien mir zu Schülerzeiten auf der Durchreise so desolat, dass kein Wunsch aufkam, dort länger als nötig zu bleiben. Beim ersten Wiedersehen war alles anders: das Ufer nahezu Promenade, die Fassaden gesäubert, der Verkehr gedrosselt, die Luft eine einzige Verführung. Längst ist es um mich geschehen: Ich will Bordeaux.

Fragen? Erfahrungen? Ideen?
Ich freue mich auf Post.

Mein Postfach bei DuMont:
goergens@dumontreise.de

Das ist Bordeaux

Eine Weltstadt ist es sich schuldig, dass sie nicht zur Touristenhochburg verkommt. Sie führt ihr Leben, mögen auch noch so viele Reisende herbeiströmen. Sie bewahrt ihr kulturelles Erbe und ihre verschwiegenen Außenbezirke, sie gestattet sich auch Schattenseiten neben Glanzpunkten. Sie folgt einem inneren Drang und macht dabei Träume wahr – in erster Linie mit und für ihre Bürger. So eine Weltstadt ist Bordeaux. Obendrein eine Metropole voller umwerfender Architektur- und Kunstschätze, beneidenswert privilegiert an einem Fluss gelegen, in Teilen nahezu autofrei, mit traumhaften Ausgehadressen und Geschäften, für die Jugend ebenso lebenswert wie für das Alter und – einfach schön. Heute, muss man sagen, heute ist sie wieder strahlend schön.

Aus der Erinnerung

Am einen Ende der Garonne-Brücke steht ein Bahnhof, der mal bedeutend gewesen sein muss. Jetzt verfällt er. Wo einst Reisende durch die Schalterhalle hasteten, parken Autos unter einem Dach, das durch große Löcher Regen, Schmutz und Hitze einlässt. Die meisten Fahrzeuge tragen Kennzeichen mit der Zahl 33 für das Departement Gironde und setzen Rost an: in Bordeaux und Umgebung zugelassen, aber verwahrlost. Am anderen Ende der Brücke erstreckt sich geballter Krempel entlang des Ufers, ein Anblick wie an Sperrmülltagen, nur stehen zwischen Schrott und Möbelstücken unverrückbar auch ölverschmierte Lagerhallen, ungenutzte Kräne und marode Bauwerke von unklarer Bestimmung. Aufräumen ist nie der schönste Teil vom Fest. So ließ man, als der Hafen flussabwärts wanderte, die Immobilien einfach in der Stadt zurück.

Jahre danach. Sinnfindung für das Ufer beschäftigt Bordeaux und seine Bürger. In Hangar 7 am Quai Louis-XVIII hat sich Le Caesar eingerichtet, ein zwielichtiger Club als eine von vielen Optionen, Leere zu füllen. Das Etablissement wird später, vor dem Abriss der Lagerhalle, in das einst prächtige, inzwischen aber marode Stadtpalais des Weinhändlers Descas am Quai de Paludate ziehen. Das Umfeld passt, denn diese Amüsiermeile in der Nähe der Gare St-Jean quillt über vor Bars, Discos, Stripteaseschuppen und Imbissbuden.

Nicht lange danach: Ein Abend am rechten Ufer, wo ein Fesselballon namens Aérolune vertäut ist. Mit zwölf anderen Passagieren steigt man in den Korb und hebt ab, von Seilen und Stahlsicherungen in Position gehalten und senkrecht empor wie in einem Aufzug, um die Stadt mitten in ihrer Renaissance von oben zu betrachten.

Mehrfache Blüte

Diese drei Schlaglichter besitzen ein Bindeglied: Nichts davon hat sich in dieser Form erhalten. Rasend schnell wandelt sich, was man als bleibendes Gesicht betrachtet hatte. Vor allem wandelt es sich nach erkennbarem Plan, der immer wieder in Richtung Eleganz und Lebensqualität zerrt, als habe inzwischen das alte Herz wieder den Taktschlag übernommen.

Das ist Bordeaux

Wieder lebenswert: Wo Hangars standen, laden Grünanlagen zum Flanieren ein.

Bordeaux war ein Hafen der Römer, im Mittelalter Hauptstadt eines europäischen Riesenreiches und damals schon einmal Weinmetropole. Später, als Norditaliens Zentren pulsierten, sah sich die Stadt ins Abseits gedrängt, stieg aber doch wieder zum Hafen und Handelszentrum auf. Diese Zeit der Wiedererweckung hat das Stadtbild geprägt, klassizistisch bis in die Knochen und damit so edel wie die besten Ideale der Antike. Ein Jammer war, wie man dieses Juwel verkommen ließ. Auch Deutsche hatten daran ihren Anteil, denn sie hielten Bordeaux im Zweiten Weltkrieg besetzt und hätten bei ihrem Abzug um ein Haar die gesamte Pracht in die Luft gesprengt.

Weltkulturerbe: Meisterwerk menschlicher Schöpferkraft

Etwa 5000 klassizistische Häuser im Stadtkern wurden in den 1960er-Jahren unter Denkmalschutz gestellt. In Deutschland, wo ein solcher Status damals noch gar nicht existierte, verzweifelt man auch schon mal daran, nur eine einzige geschützte Villa zu sanieren, nicht zuletzt wegen bürokratischer Hürden. Bordeaux indessen fasste den Plan, sich auf der Grundlage des Bestehenden neu zu erfinden. Die mühselige und kostspielige Arbeit begann mit der Reinigung nahezu aller Fassaden vom Schmutz der Jahrhunderte. Da mag man heute neidisch schauen, dass die gesamte Altstadt 2007 in die Liste des UNESCO-Weltkulturerbes aufgenommen wurde.
Die Frage ist aber: Wie viele andere Stadt besitzen die Energie, wenn schon nicht als Pionier, dann doch als Nachahmer mehr als nur die gute Stube auf Hochglanz zu bringen? In Bordeaux hält der einmal entfachte Schwung an. Jedes Jahr wartet die Stadt mit neuen Überraschungen auf, sie bleibt jung und zieht Blicke auf sich. Laut Umfragen hegen mittlerweile 38 Prozent aller Franzosen den Wunsch, in Bordeaux zu leben. Die sprichwörtliche *belle endormie,* die schlafende Schönheit, ist hellwach geworden.

Bordeaux in Zahlen

0
Milliardäre leben in Bordeaux.

35
Euro kostet ein Monatsticket für die öffentlichen Verkehrsmittel. Köln verlangt das Doppelte, Berlin sogar 81 Euro.

42
Meter über dem Meeresspiegel liegt der höchste Punkt der Stadt.

45,4
Prozent ist der Anteil der männlichen Bevölkerung.

53
Meter beträgt die lichte Höhe der Autobahnbrücke Pont d'Aquitaine. Sie begrenzt die Maße einfahrender Ozeanriesen.

90
Minuten lang bleibt der Pont Chaban-Delmas unpassierbar, wenn der Mittelteil gehoben werden muss, um einen Dampfer durchzulassen – ein faszinierendes Schauspiel.

124
Minuten benötigt der schnellste Schnellzug auf der Strecke Paris–Bordeaux. Mindestens 70 Minuten sind es mit dem Flugzeug.

487
Meter misst der Pont de Pierre, die historische Zufahrt zur Altstadt (Deutzer Brücke in Köln 437 Meter).

595
Euro Kaltmiete muss man für ein Ein-Zimmer-Apartment (20 m²) im Stadtzentrum mindestens veranschlagen.

1250

Meter ist die Rue Ste-Catherine lang und besitzt rund 250 Geschäfte. 1984 in eine Fußgängerzone verwandelt, gilt sie als Europas längste Einkaufsstraße.

7800

Kilogramm wiegt die Grosse Cloche, die große Glocke über dem Stadttor an der Rue St-James. Sie wurde 1775 gegossen, aber es gab eine Vorläuferin, die der König immer dann entfernen ließ, wenn ihm die Bürger von Bordeaux zu aufsässig wurden.

13 350

Auf dieser Quadratmeterfläche vermittelt die Cité du Vin als Stadt für sich Kultur und Lehre des Weinbaus.

126 000

Quadratmeter misst die Esplanade des Quinconces. Ist das viel? Nun ja, man müsste Place de la Concorde in Paris, Trafalgar Square in London und Platz des Himmlischen Friedens in Peking zusammenlegen, um (fast) diese Fläche zu erreichen.

1 940 000

Bücher verkauft die Librairie Mollat jährlich.

2000

Sonnenstunden im Jahr kann man als Richtwert annehmen.

Was ist wo?

Auf den ersten Blick ist alles einfach. Und den wirft man vernünftigerweise vom rechten hinüber zum linken Flussufer. Dort zieht sich das wichtigste Geschehen etwa vom hohen Kirchturm zur Linken, dem Campanile von St-Michel, bis zum ultramodernen Gebäude der Cité du Vin zur Rechten. Allerdings ist über die Jahrhunderte allerlei Spannendes im Rücken dieser flachen Skyline gewachsen.

Zwei Ufer

Neben hinkenden Vergleichspaaren existieren solche, die auf mancherlei Weise greifen. Bordeaux und Köln ergeben ein hübsches, stimmiges Paar. Historisch gingen beide erst mit den Römern richtig an den Start. Ferner ist der Rhein auf Höhe des Doms fast so imposant breit wie die Garonne bei der **Place de la Bourse** (m E 10), dem heutigen Mittelpunkt der Stadt. Beide Flüsse besitzen an ihrem rechten Ufer eine ›schäl Sick‹, die erst nach spät erfolgtem Brückenbau einen ersten Anschub bekam. Bleibt man am linken Ufer, so ist in Köln der Fußweg vom Zoo bis zum Ende des Rheinauhafens fast so lang wie in Bordeaux die Strecke von der Cité du Vin im Norden zur Gare St-Jean im Süden. Die Promenaden sind hier wie da steter Orientierungspunkt und erschließen alles an Sehens- und Erlebenswertem, was dort aufgereiht ist wie an einer Perlenkette. Schließlich existiert ein römisches Straßenschachbrett als Grundlage, darüber jedoch ein gewundenes Netz mittelalterlicher Gassen, die ehemals im Halbkreis von einer Stadtmauer umzogen waren. Das führt dazu, dass man in der Altstadt doch schon mal die Orientierung verliert.

Vieux Bordeaux

Soweit fügt sich der Vergleich, nur kann aber Köln mit seiner charakterlosen Nachkriegsarchitektur – trotz des gotischen Doms und der romanischen Kirchen – dem klassizistischen Bordeaux nicht entfernt Paroli bieten. Über den historischen **Pont de Pierre** (m E/F 11) strebt man dort direkt auf die Altstadt zu, die in ihrem Westen von der Einkaufsstraße **Rue Ste-Catherine** (m D 10–12) und dem Verwaltungszentrum **Mériadeck** (m B 11) begrenzt wird. Im Süden erblickt man schon von der Brücke den überragend hohen Campanile der **Basilika St-Michel** (m F 12). Das umliegende Quartier ist stark von Muslimen geprägt, deren Treiben die Straßen mit der Farbigkeit eines orientalischen Basars füllt. Prägend war einst der anschließende **Hauptbahnhof St-Jean** (m G 13/14), um den sich das Nachtleben bis zum Quai de Paludate ausbreitete. Inzwischen sind Hotels, Banken und Dienstleistungsunternehmen aus dem lukrativen Baugrund geschossen. Schnell wird es jenseits davon ländlich, stoßen Ausläufer der Weinhänge an die Stadtgrenze.

Der neue Kern

Am anderen Ende, nördlich der Altstadt, lockt zunächst die exklusive Einkaufswelt des **Triangle d'Or** (m C/D 10), hinter dem die riesige **Esplanade des Quinconces** (m D/E 9/10), der **Jardin Public** (m D 9) als Ruhepol und das einstige Weinhandelszentrum **Chartrons** (m E 7) warten. Wein ist auch Leitmotiv der imposanten **Cité du Vin** (m H 6), die weiter nördlich beim **Pont Chaban-Delmas** (m G/H 7) das Flussufer beherrscht und nach **Bacaclan** (m G/H 4/5) überleitet. In diesem alten

Viertel der Werften und Hafenarbeiter dient der finstere und sprengungsresistente U-Bootbunker der Deutschen an den **Bassins à flot** (🕮 F/G 5/6) inzwischen als Treff, Aufführungsstätte und Ausstellungsraum für die künstlerische Avantgarde. Ringsum behaupten sich nur noch wenige historische Bauten gegen den Druck des Immobilienmarktes, der dort erfolgreich den Traum einer Boomtown auslebt.

Außenbezirke

Nun wohnt es sich so nah am Stadtkern immer noch gepfeffert und gesalzen. Richtung Norden und Westen sinken die Mietpreise, was im Umkehrschluss bedeutet: Dort wird es stickig, laut, eng, stellenweise schäbig. Doch auch daran arbeiten die Stadtplaner, um attraktiven Wohnraum für die vielen Menschen zu schaffen, denen Bordeaux als Wunschtraum erscheint. Im Stadtteil **Lac** ist manches bereits geschafft, dort schmiegen sich Sportanlagen wie das neue Fußballstadion **Matmut Atlantique** (🕮 Karte 3, C 1), das Messegelände, Park und ein ganzes Öko-Quartier um einen zentralen See.

Am rechten Ufer

Das andere große Wohnquartier wäre **La Bastide** (🕮 G/H 8/9) samt Umgebung am rechten Ufer, wo freilich verwahrloste Bahngleise durch die Landschaft schießen und Mieter mit dem Makel leben, auf der falschen Seite des Flusses zu hausen. Aber mit dem Kreativdorf **Darwin** (🕮 F 9), das sich in einer ehemaligen Kaserne eingerichtet hat, besitzt das Viertel auch einen bedeutenden Szenespot.
Gäbe es in La Bastide mehr Hotels, so wäre es die perfekte Lage für Bordeaux-Besucher, denn über den betagten Pont de Pierre, der seit 2017 für den privaten Autoverkehr gesperrt ist, erreicht man per Straßenbahn, Bus, Fahrrad oder zu Fuß bequem und schnell die Altstadt. Der 500 m lange Marsch über die Brücke mit immer wieder schönen Ausblicken auf die klassizistischen Fassaden beiderseits der Place de la Bourse sei dann auch Auftakt für das Erlebnis Bordeaux.

Ein weiterer Gürtel Grünes ist jenseits von La Bastide zu verzeichnen. **Coteaux de Garonne** heißen die Uferhänge dort, die im Zuge der Stadtentwicklung zu Parkanlagen ausgebaut wurden. Die Attraktionen dort werden allerdings von Touristen derzeit noch kaum wahrgenommen, es sind eher Einheimische, die etwa vom Parc Palmer aus auf die Stadt blicken und Konzerte von Rock bis Pop hören.

Augenblicke

Lichtgeburt

Helle Köpfe planten vorausschauend ein neues Bordeaux, als die Revolution noch schlummerte. Die Urenkel genießen die Früchte und führen ein Leben auf der Sonnenseite des Städtebaus. Wenn am Nachmittag das Sommerlicht zu schwinden beginnt, naht die Stunde für den Apéro in der Lieblingsbar. Das Glas versöhnt mit den Sorgen des Arbeitstages und öffnet die Sinne für das große gemeinsame Mahl am Abend unter freiem Himmel. Bordeaux hat die Offenheit gepachtet.

Flaschenkost

Die Gewichte könnten sich verschieben, aber wer momentan seine Suchmaschine mit dem Begriff ›Bordeaux‹ füttert, erhält mehr Nennungen zum Wein als zur Stadt. Dies verdeutlicht ihre Vergangenheit und Bestimmung. Seit 2016 besitzt Bordeaux die weltweit einmalige Cité du Vin als eine Art Informationsstempel zu einem lebendigen Kulturerbe. Kühne Außen- und Innenarchitektur verbindet sich mit ultramoderner Didaktik, die das Wissen über Wein und Winzerkunst in die Herzen trägt.

Liebe, Frieden, TNT

Einen »Indian Summer« malten die beiden Graffiti-Künstler Inkult und WaRoox für den Skater-Parcours im Kreativdorf Darwin. Die ehemalige Kaserne auf der rechten Seite der Garonne ist ein Herzstück des progressiven Lebens in der Stadt, stets gefüllt mit quirligem Jungvolk, ideensprudelnden Kulturschaffenden und passionierten Abhängern. Im Schleudergang ersetzen neue Graffiti die alten, Elan und Sprühdose sind immer parat, um den Träumen ebenso bildhafte Gestalt zu geben wie der Bereitschaft, für eine lebenswerte Zukunft zu kämpfen.

Ihr Bordeaux-Kompass

#2
Zwischen Markt und Menü – **Essen an der frischen Luft**

#3
Kultureller Rundumschlag – **im Musée d'Aquitaine**

Pierres Pikantes Pflaster

Von damals bis dann mal

#1
Hoch hinauf und mitten durch – **Türme und Tore**

Ach du dicke Glocke

WOMIT FANGE ICH AN?

WIR SCHWIMMEN ALLE IN EINEM BASSIN

#15
Austern, Sand und Vögel – **Arcachon und die Düne**

SCHWEIZER KÄSE IM KALK

TRAM-TRIPS und Theater

#14
Ferien des Monsieur Rouge – **St-Émilion und sein Wein**

Die andere Seite des Mondes

#13
Pilz aus dem Boden – **ein Bahnhofsviertel schießt**

#12
Bordeaux gegenüber – **eine Zukunft für La Bastide**

15 Wege zum direkten Eintauchen in die Stadt

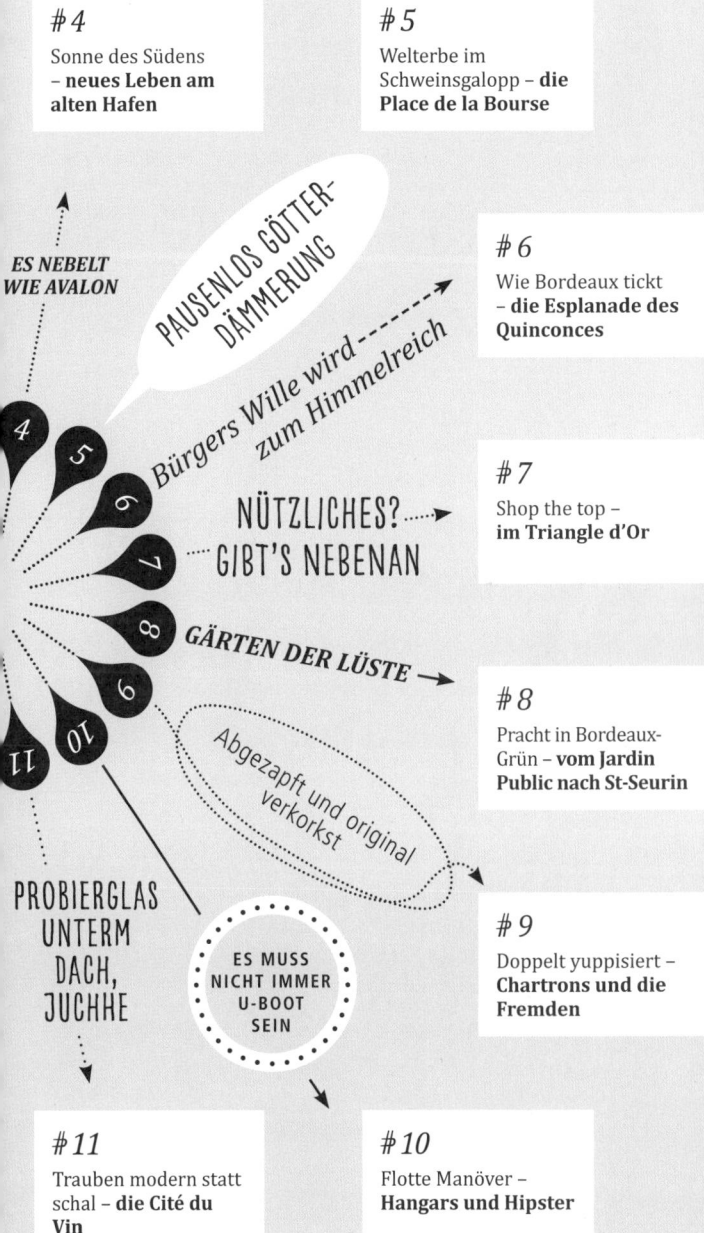

1

Hoch hinauf und mitten durch – **Türme und Tore**

Magie leuchtet. Die blaue Stunde legt ihre Untergangsstimmung über das Wasser, darüber schlägt eine Brücke ihr golden angestrahltes Mauerwerk von Ufer zu Ufer. 17 steinerne Bögen queren da die knapp 500 m breite Garonne, 17 Buchstaben zählt auch der Name Napoleon Bonaparte. Zufall?

Der Lauf der Dinge findet seine Analogie in einem Jogger-Kult, der den Brückenbau als Wegweiser für Laufzirkel um Stadt und Fluss nimmt.

Der Kaiser hatte einzig Strategisches im Sinn, als er eine Holzbrücke über die Garonne plante. Fertig wurde sie dagegen als **Pont de Pierre** [1] (Brücke aus Stein) und auch erst 1822, kurz nach Napoleons Tod. Sie ist weniger ein Schönling als ein besorgt flach gehaltener Zweckbau, aber ihre schnörkeligen Straßenlaternen und die Illumi-

Türme und Tore #1

nation verwandeln sie zumindest nachts in ein Prachtstück. Derweil kann man tagsüber manchmal einen schwierigen Balanceakt verfolgen: Bei Niedrigwasser zwängen sich schwer beladene Frachter durch den mittleren Brückenbogen, sie transportieren Airbus-Teile flussaufwärts.

Michel, Mumien und Migranten

Besitzt der Rhein sogar gelbsandige Ufer von Sylt-Qualität, so wartet die Garonne lediglich mit unappetitlichen Schlammpackungen auf. Baggerschiffe quälen sich rund um die Uhr, die Fahrrinne von Schlick zu befreien. Der Morast ist kein Drecksergebnis von Umweltsündern, sondern Naturgegebenheit, verbunden mit einer Fauna, die gerne in der Pampe suhlt: Alse *(alose),* Stör *(esturgeon),* Aal *(anguille),* Neunauge *(lamproie).* Die französischen Namen darf man sich merken, sie werden auf den Speisekarten der Bordelaiser Restaurants wieder auftauchen. Aber erst einmal ist der Anblick so matschig, dass man beim Queren der Brücke doch lieber die Stadt im Auge behält. Flach wirkt sie, nur ein paar Turmspitzen ragen über die Dächer hinaus. Der eine dort links, er gehört zur Basilique St-Michel, reckt sich besonders vorwitzig nach oben. Schräg rechts und weiter entfernt stehen Campanile und Doppelturm der Kathedrale von Bordeaux. Schließlich noch nah am Ufer ein Turmaufsatz, der keine Kirche, sondern ein Stadttor markiert. Das sind die Eckpunkte einer ersten Tour durch Bordeaux, die Sendemasten von Vieux Bordeaux, der Altstadt.

Zwischen Kabeljau und Makrele bewegt sich gemeinhin das Küchenleben von David Grangier. Der Chef im Restaurant Davoli ist aber immer auch gut für leichte Teigwickel.

Wobei Vieux näher zu definieren wäre: Was da vor der Nase liegt, ist so alt nun auch nicht. Denn die Stadt wurde im 18. Jh. komplett umgebaut. Auch das Zufahrtstor vor der Nase, die **Porte de Bourgogne** 2, ist nicht mehr das Originalwerk, sondern ein Triumphbogen von 1750/55 mit Öffnung zum breiten Cours Victor-Hugo. Links liegt ein Viertel mit hohem Anteil an Muslimen. Je mehr man sich dort dem Riesen La Flèche ›der Pfeil‹ nähert, desto enger sind die Dönerspieße gesetzt. Der ›Pfeil‹ als Wahrzeichen mittendrin ist mit 114 m höchster Kirchturm im Südwesten Frankreichs. Er wurde 1472–92 als Campanile der **Basilique St-Michel** 3 errichtet und kann bis fast zur halben Höhe bestiegen werden. 74 überraschend gut konservierte Mumien enthielt einst die Krypta un-

#1 **Türme und Tore**

> **O**
> **ORGEL**
>
> Chor, Gospel, Orgel, Kammer – dies und das aus der Musikwelt von E bis Halb-U sind regelmäßig in der Kathedrale zu hören. Die Basilika St-Michel erhielt ihre erste Orgel noch vor Ende des Hundertjährigen Krieges. Sie wurde mehrfach erweitert und überarbeitet. Im Sommer erklingt sie jeden Donnerstag ab 18 Uhr zu einem einstündigen Gratiskonzert.

ter dem Turm. Obwohl nicht mal ihr Alter bekannt war, hörte man bei Führungen Haarkleines über Schicksale. Demnach gab es die Opfer einer Pilzvergiftung, den lebendig Begrabenen und einen General, den es beim Duell erwischt hatte. Der Mummenschanz endete 1990, als man die Mumien auf den Friedhof La Chartreuse (▶ S. 84) überführte. Das Umfeld des Campanile, die Place Canteloup, ist nun auch wirklich zu turbulent für ein Totengedenken. Allmorgendlich pulsiert dort multikulturelles Leben auf einem Trödelmarkt. Feinere Gebrauchtware findet man nebenan in den Antiquitätenläden der mehrstöckigen **Passage St-Michel** 🛈, einem ehemaligen Speicherhaus.

Wohl dem, der Glocke hat

Der Schriftsteller Victor Hugo war drei Mal in Bordeaux und wurde teils trauernder, teils beeindruckter Zeuge des Wandels, bei dem auch die letzten mittelalterlichen Bauten einer neuen Architektur wichen. Die breite Prachtstraße Cours Victor-Hugo markiert noch den Verlauf der Stadtmauer aus dem 13. Jh. Sie umschloss an dieser Stelle auch den ersten Sitz des Stadtrats – denn Bordeaux besaß nachweislich schon 1206 einen gewählten Rat mit Bürgermeister und Magistratsbeamten. Von deren Treff blieb das Fundament, darauf steht seit dem 15. Jh. die 41 m hohe **Porte de la Grosse Cloche** 4. Die ›dicke Glocke‹ hoch oben läutete die Weinlese ein und wird heute allabendlich zum blau angestrahlten Kontrapunkt über gelb erleuchtetem Mauerwerk. Übrigens kann man vom obersten Parkdeck des **Palais des Sports** 5 – Austragungsort netter Teamsportarten, aber ein unschöner Klotz mitten in der Altstadt – auf Augenhöhe mit der Grosse Cloche das Muster der umliegenden Ziegeldächer betrachten.

Die Porte de la Grosse Cloche

Von der Porte aus lässt es sich gut durch die Altstadt treiben: rechts Richtung Fluss durch kaum belebte Gassen, geradeaus und halblinks ins Gewühl mit Cafés und Restaurants. Eine niemals versagende Leitlinie liefert die schnurgerade Rue Ste-Catherine, Europas längste Einkaufsstraße. Schnurgerade, da auf römischer Stadtplanung basierend. Am Cours d'Alsace-et-Lorraine zweigt man links ab zur **Cathédrale St-André** 6. Mit 124 x 44 m Grundfläche ist sie gehörig groß und mit einem Baubeginn im 11. Jh. auch alt genug, dass

Türme und Tore #1

40 m hoch hängt die Grosse Cloche mit einer Inschrift: »Ich rufe zu den Waffen, ich läute den Tag ein, ich verkünde die Stunde, ich wache über den Sturm, ich rufe zum Fest, ich schreie beim Brand.«

sie am 25. Juli 1137 Schauplatz der Ehe zwischen Aquitaniens Herzogin Eleonore und dem französischen Thronfolger Ludwig wurde. Lange danach scheiterte der Plan, die Kathedrale in ein gotisches Meisterwerk zu verwandeln – das Geld reichte nur für ein imposantes Königsportal, so genannt wegen eines anonymen Herrscherpaars über dem Torbogen. Dass die Stadt im 15. Jh. nicht flüssig war, hatte auch Folgen für die knapp 50 m hohe **Tour Pey-Berland:** Der Campanile nämlich blieb bis ins 19. Jh. ohne Glocken und schien deshalb so nutzlos, dass die Revolutionäre ihn 1790 abreißen wollten. Dabei bewährt sich der Turm als Top-Ausguck auf die Kathedrale.

Platz da, es soll schöner werden

Falls es mittlerweile dunkel geworden ist – bis ein, zwei Uhr nachts droht kein Verdursten, denn auf dem Weg zurück zur Garonne halten genügend Bars noch Drinks und zur Not auch kleine Mahlzeiten bereit. Entsprechend fröhlich kann es weitergehen über die beliebte Place Fernand-Lafargue zur Place du Palais. Der Palast, von dem da die Rede ist, steht längst nicht mehr, er war Sitz der Herzöge. Dafür blieb das Tor, das ehemals als Hauptzugang zur Stadt diente: die nachts effektvoll angestrahlte **Porte Cailhau** . Als Denkmal an den Sieg von König Karl VIII. über das Königs-

Man nennt Sie **Notre-Dame d'Aquitaine,** die vergoldete Schönheit, die von der Spitze der Tour Pey-Berland auf Bordeaux herabblickt. Rätsel geben die Netze auf, die unter der Figur gespannt sind. Sollen sie potenzielle Selbstmörder auffangen, Freeclimber am Aufstieg hindern oder einfach nur Vogelflug eindämmen?

#1 Türme und Tore

reich Neapel (1495) interessiert das Tor heute nicht mehr, wohl aber als begehbarer Turm mit Aussicht auf Stadt und Fluss. Die in der Tat zahlreichen Besucher dürften kaum eine Vorstellung davon haben, wie verloren die Porte einst im Verkehrsgewühl stand. Erst 2010 wurde die Place du Palais als Fußgängerzone mit modernem Brunnen sowie feinsten Café- und Restaurant-Terrassen umgestaltet.

INFOS/ÖFFNUNGSZEITEN

La Flèche St-Michel 3: April–Okt. tgl. 10–13, 14–18 Uhr, 5 €
Porte de la Grosse Cloche 4: T 05 56 48 04 24, Juni–Sept. tgl. 13–19 Uhr alle 45 Min., 5 €
Cathédrale St-André 6: Place Pey-Berland, http://cathedrale-bordeaux.fr, Mo 14–19, Di, Do, Fr 10–12, 14–18, Mi, Sa 10–12, 14–19, So 9.30–12, 14–18 Uhr; Tour Pey Berland: www.pey-berland.fr, Juni–Sept. tgl. 10–17.30, Okt.–Mai 10–12, 14–17 Uhr, 6 €
Porte Cailhau 7: tgl. 10–13, 14–18 Uhr, 5 €
Passage St-Michel 🅸: 15, place Canteloup, T 05 56 74 01 84, www.lesbrocanteursdupassage.fr, Mo geschl. Trödel, Antiquitäten, Künstler auf einer Fläche von 650 m².

KULINARISCHES FÜR ZWISCHENDRIN

Das Frühstück nehmen Sie lesend zu sich im **Books & Coffee** 1 (26, rue St-James, T 05 56 81 47 41, Mo–Sa 9–19, So 11–19 Uhr, Brunch 22 €) oder *very British* im **Breakfast Club** 2 (27, rue des Ayres, T 09 80 48 48 19, https://cargocollective.com/thebreakfastclub, Mo–Sa 10–18, So 10–17 Uhr, Brunch am Wochenende 17 €). Den ganzen Tag lang vegetarische Speisen und ein Bio-Bier, das im Erdgeschoss gebraut wird, hat **Au Nouveau Monde** 3 (2, rue des Boucheries, T 09 81 18 00 54, auf Facebook, Di–Do 12–1, Fr 12–2, So 11–4 Uhr, Menü ab 18 €). Zwischen Kitsch und Vintage changiert die Bar **La Vie Moderne** 🌟 (72, cours Alsace-Lorraine, https://www.youshould.eu/l/la-vie-moderne, 18–2, So/Mo ab 21 Uhr): Cocktails zu Musik der 60er–80er.

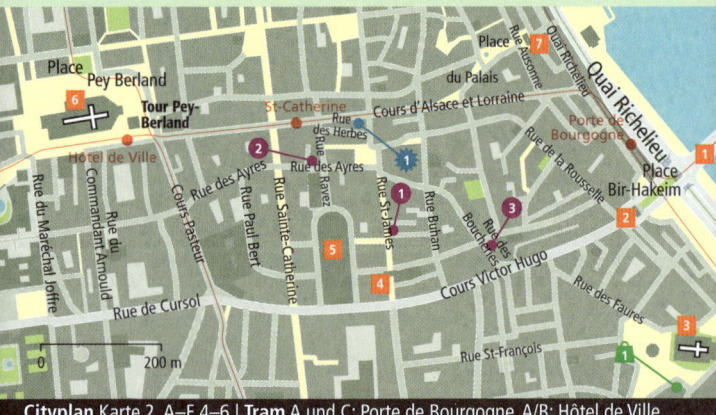

Cityplan Karte 2, A–F 4–6 | **Tram** A und C: Porte de Bourgogne, A/B: Hôtel de Ville

Essen an der frischen Luft – **im Quartier St-Pierre**

2

Es gibt diese Dinge, denen man folgt, weil es immer so gemacht wurde. So war St-Pierre immer die Anlaufstelle für eine Mahlzeit unter freiem Himmel. Über die Tradition geriet in Vergessenheit, was den Herdentrieb überhaupt in Gang gesetzt hatte. Bis einem Historiker dämmerte, dass dieses Quartier St-Pierre einst der römische Hafen gewesen sein muss.

Noch einmal Pierre und dazu ein kleiner Ausflug in Dinge, die Franzosen näher liegen als Deutschen. Deren Sprache nämlich unterscheidet nicht zwischen Petrus und Stein, sondern nennt beides Pierre. Dass Jesus gesagt haben soll, er wolle seine Kirche auf Petrus, den Fels, bauen, entpuppte sich

Der Chef? Hat sich auf die Balearen abgesetzt. Quer wie der Ton in Michel's Bistrot ist die Außendeko mit Bildern, die jeder andere innen aufhängen würde.

Leine ziehen kann viele Gründe haben …

als Finte der Päpste, ist aber in Stein gemeißelt. Zu aller Verwirrung gibt es in Bordeaux nicht weit vom Pont de Pierre ein Quartier St-Pierre, aber außer dem sprachlichen keinen weiteren Zusammenhang zwischen beiden. Alles klar?

Triff den Römer in dir

Das Viertel St-Pierre hat seinen Petrus längst zum Mond geschossen, windet sich aber um die gotische **Église St-Pierre** 1. Am gleichnamigen Platz trifft sich donnerstagvormittags die Öko-Gang der Stadt zum Einkauf von Bio-Produkten auf dem **Marché St-Pierre**. Bevor nun eine Pierre-Phobie ausbricht, sei vermerkt, dass die Kirche ihren Ursprung schon im 6. Jh. hat. Wer an solcher Stelle gräbt, muss auf Antikes gefasst sein. 1832 kam ein Bronze-Herkules zutage (▶ S. 29) und mit ihm die Gewissheit, dass dort, landeinwärts vom heutigen Lauf der Garonne, die Einfahrt zum Hafen der Römer gewesen sein muss. Es scheint, als ziehe ein Geist der Vergangenheit die Menschen der Stadt immer wieder hierher, denn genau dieser Platz ist das Epizentrum aller Geselligkeit. Im Viertel ringsum kauft man ein, trinkt man seinen Kaffee am Nachmittag oder trifft sich zum Abendessen unter freiem Himmel, oft sogar im Winter.

Lecker utopisch

Mexikanisch, türkisch, libanesisch, kambodschanisch, argentinisch – die Küchen ringsum scheinen Exoten-Bingo zu spielen, während die Straßennamen an mittelalterliche Handwerke erinnern. An der Ecke Rue des Bahutiers/Rue du Cancéra wacht eine **Petrus-Statue** von 1687 über das Treiben, das man mindestens bis zur **Place Camille-Jullian** verfolgen sollte. Eine Gedenktafel und ein antikisierendes Monument erinnern dort an den Historiker

LEIDENSZEIT

Das Ehedrama der **Flora Tristan** (1803–44) war Auftakt für ein Werk, das die Welt bis heute ignoriert: Fünf Jahre vor Friedrich Engels beschrieb die Sozialistin das Elend des englischen Proletariats. Floras kurzes Leben endete hier in Bordeaux, wo sie im Quartier St-Pierre von Typhus entkräftet zusammenbrach. Ihre Tochter Aline heiratete einen gewissen Clovis Gauguin. Der gemeinsame Sohn Paul sollte ein weltberühmter Maler werden.

Quartier St-Pierre #2

Camille Jullian (▶ S. 29), der nach den römischen Wurzeln der Stadt grub. Aber das Flaggschiff am Platz ist das **Utopia**, ein Programmkino in der ehemaligen Kirche St-Siméon, das Filme aus aller Welt in Originalfassung zeigt und auf seiner Terrasse Drinks serviert. Das sakrale Ambiente in Saal 5 entschädigt für jeden enttäuschenden Film.

Nach Norden raus ist die Rue du Pas St-Georges logische Fortsetzung des Fressmeilen-Spaziergangs und zugleich Zubringer zur **Place du Parlement**. Der Name des Platzes mit seinem zentralen Brunnen (1865) und dem restaurierten Straßenpflaster erschließt sich nicht recht, denn dies war einst ein Marktplatz und nicht etwa Adresse des Parlaments. Mögen Restaurants und Cafés noch so zahlreich sein, abends hat man ohne Reservierung schlechte Karten. Letzte Rettung könnte dann die **Rue St-Rémi** sein, die noch einmal gehörig aus den Küchen der Welt auftischt.

ÜBRIGENS

Nach dem Farbmodell CMYK besteht Weinrot aus 0 % Cyan, 100 % Magenta, 61 % Gelb und 50 % Schwarz. Dieses Bordeaux gilt als ideale Farbe des Weines, der neben Schalotten, Kräutern, Butter und Speck eine Sauce Bordelaise ausmacht. Tiefkühlerfindung von 1969 ist dagegen das ›Schlemmerfilet à la Bordelaise‹ – Fisch unter Brösel-Kruste.

INFOS/ÖFFNUNGSZEITEN

Utopia: 5, place Camille Jullian, T 05 56 52 00 03, www.cinemas-utopia.org/bordeaux
Marché St-Pierre: Place St-Pierre, Do 7–14 Uhr

KULINARISCHES FÜR ZWISCHENDRIN

80 Sorten, davon 60 bio: **La Maison du Glacier** ❶ (1, place St-Pierre, tgl. 13–23 Uhr) ist König der Speiseeis-Heiligen. Das Jungvolk der Stadt geht gern zu **Karl** ❷ (6, place du Parlement, T 05 56 81 01 00, www.karlbordeaux.fr, tgl. 8.30–20.30 Uhr, Frühstück ab 6 €, Brunch 21 €), weil es gut, üppig und preiswert ist. Stein, Holz und Metall prägen das Ambiente im **Comptoir d'Étienne** ❸ (21, rue Maucoudinat, T 09 81 62 63 63, http://lecomptoir detienne.zenchef.com, tgl. 11.30–22 Uhr, Menü ab 35 €), wo Fisch und Fleisch vom Grill die Karte bestimmen. Burger-Anbeter lümmeln sich bei **Guy & Sons** ❹ (54, rue St-Rémi, T 05 35 54 94 50, www.guyandsons.fr, tgl. bis 22.30, Sa bis 23 Uhr, Menü ab 14 €): Die Pommes sind hausgemacht, der Hackbraten sogar mit Blauschimmelkäse erhältlich. **Les Fils à Maman** ❺, die Mamasöhnchen, versorgen Gäste mit Snacks und gemischten Platten zum Teilen (19, rue des Faussets, T 05 56 48 20 01, www.lesfilsamaman.com/borde aux, tgl. 19.30–22.30/23, Do–So auch 12–14.30/15 Uhr, Menü ab 15 €).

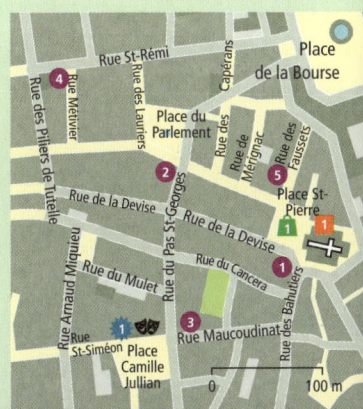

Cityplan Karte 2, C–E 3/4 | **Tram** C: Place de la Bourse

Kultureller Rundumschlag – **im Musée d'Aquitaine**

Das eine Schlusswort passt immer: Man kann gar nicht alles sehen. Und das sollte man auch nicht versuchen in einem riesigen Museum, das einen Bogen schlägt von der Prähistorie bis in die Zukunft. Mit viel Muße bei wenigen Schlaglichtern tut sich der Besucher allemal den größeren Gefallen und nimmt so mehr mit als den Eindruck, das Eigentliche verpasst zu haben.

Als Reformer der mittlerweile raffgierigen Zisterzienser verstanden sich im 16. Jh. die Feuillanten. Ihr Kloster in Bordeaux hat die Revolution nicht überdauert, an seine Stelle rückte eine Fakultät

Allegorische Skulpturen waren als Schmuck für den Pont de Pierre geplant, wurden aber nie fertiggestellt. Es blieben einzig die Entwürfe von Dominique Félix Maggesi.

der Uni, deren Gebäude 1987 Heimat des **Musée d'Aquitaine** 1 wurde. Die Besucherzahl liegt heute bei knapp 150 000 jährlich, die sich nicht nur auf die Tage des Jahres, sondern auch auf rund 6000 m² verteilen. Es wird also kein beengter, aber ein lehrreicher Vormittag.

Rom am Ruder

42 cm hoch, 25 000 Jahre alt. Die **Venus von Laussel** ist eines von fünf Reliefs, die 1911 in einer Grotte in der Dordogne gefunden und auf mehrere Museen verteilt wurden. Auch Bordeaux erhielt eine der Damen für den Präsentierteller der prähistorischen Sammlung im Musée d'Aquitaine. Der Name sagt es: Aquitaine. Von rund 70 000 Exponaten betrifft nur ein Bruchteil die Stadt, der Rest hingegen die gesamte Region. Und die ist groß, 2016 sogar noch durch einen Zusammenschluss auf mehr als ein Achtel Frankreichs gewachsen.

Luft, Licht und Farben werden Realität im Park.

Wer sich da nicht beschränkt, überfordert sich. Und die naheliegende Beschränkung heißt Bordeaux. So beginnt der Rundgang mit dem Hafen Burdigala und seinen keltischen Gründern. Wenn die Eindringlinge aus Rom etwas an diesen Bituriges Vivisci schätzten, dann den **Weinbau,** auf den sie nach rund 100 Jahren Fremdherrschaft und Dröhnung durch Importe aus der Heimat zurückgriffen. Damit entstanden die ältesten Lagen der Region, die Premières Côtes de Bordeaux, auf einem schmalen, kurzen Stück entlang der Garonne.

Das Gebräu war kaum lagerfähig und wurde schon deshalb überwiegend vor Ort getrunken. Dennoch hatte Burdigala seine wachsende Bedeutung für Im- und Exporte. Camille Jullian (1859–1933) hieß der Mann, der intensiv nach den römischen Wurzeln der Stadt grub. Schon 27 Jahre vor seiner Geburt war an der Place St-Pierre ein bronzener **Herkules** (2./3. Jh.) entdeckt worden. Er dürfte die Hafeneinfahrt bewacht haben und ist in seiner Formschönheit das meistbeachtete gallo-römische Werk. Ein Marmoraltar der Bituriger, Bronzemünzen mit Kaiserköpfen, Theatermasken, Sarkophage, Mosaike und Bruchstücke von den *Piliers de Tutelle* (▶ S. 38) vertiefen den Einblick bis in die Zeit des frühen Christentums.

Zum Beispiel Karmeliter

848 und 1453: zwei Eckdaten der Stadtgeschichte, beide verheerend. Im einen Jahr fielen Wikinger über Bordeaux her, im anderen verlor Aquitanien die letzte Schlacht des Hundertjährigen Krieges. Dazwischen lagen sechs Jahrhunderte des Aufstiegs bis hin zu einer Welthandelsmacht. Pilgerströme zum Jakobsgrab zogen durch Bordeaux, Herzogin Eleonore von Aquitanien wurde als Gattin von Henri Plantagenêt auch Königin von England, der Weinhandel schwang sich zum Machtfaktor auf, mit der Dichtung der Troubadoure und dem Bau von Bastiden (▶ S. 63) bildeten sich eigene Kunstformen aus, während die Stadt mit einem gewählten Rat schon 1206 Frühstadien einer Demokratie durchlief.

Die ausgestellten Zeugen der Ära konzentrieren sich aber auf Sakrales, etwa die dramatisch ins Licht gesetzte **Fensterrose** der Église des Grands Carmes. 1264 hatte sich der Karmeliterorden seinen Platz am Stadtrand gesichert. Doch Kirche und Kloster sind längst abgerissen, standen aber mal im Rampenlicht. Denn im Mai 1265 war Generalprior Simon Stock bei einer Stippvisite dort gestorben und beigesetzt worden. Seine Heiligsprechung beförderte Grands Carmes in die Liga der Pilgerziele. Für Museumsbesucher ist die verbliebene Fensterrose (2. Hälfte 14. Jh.) auf Augenhöhe gesetzt – genauer gesagt: ihr Maßwerk, denn die Verglasung ist vernichtet.

Die effektvoll beleuchtete Fensterrose aus gotischer Zeit ist Blickfang unter den Exponaten zur mittelalterlichen Stadtgeschichte.

Unterdrückte Unterdrücker

Paris gegen Neapel war 1495 kein Fußballspiel, sondern eine Schlacht, an deren Ende sich beide Parteien als Sieger brüsteten. Karl VIII. ließ zur Feier in Bordeaux die Porte Cailhau (▶ S. 23) errichten, lange danach holten ihn die Revolutionäre vom Sockel. Inzwischen stehen in der Nische über dem Torbogen eine Replik und ein zweiter **Karl VIII.** quasi als Ersatzmann im Museum. Bei kritischer Betrachtung ahnt man, dass Paris eine Weile brauchte, um Bordeaux zu vereinnahmen. Der große Stadtumbau im 18. Jh. war da gewiss ein Meilenstein, insofern ist auch die Statue des **Intendanten Tourny** (▶ S. 36) ein gewichtigeres Zeugnis als die von Karl. Zeitlich zwischen beiden liegt Bordeaux' eigener Bürger und Bürgermeister, Winzer und Schriftsteller Michel de Montaigne. Und er liegt wortwörtlich – ausgestreckt auf dem **Cénotaphe de Montaigne** von 1593. Das eigentliche Grab im Kloster der Feuillanten teilte das Schicksal des Gebäudes (s.o.), die Gebeine absolvierten eine Reise durchs Dunkel der Geschichte.

Die kostspielige Restaurierung des Kenotaphs, die Neufassung der Ausstellung zu Bordeaux' Geschichte als Hafenstadt, der Blick auf die Stadt in zwei Sälen zum 20./21. Jh. samt Perspektive für das Jahr 2030 – das Musée d'Aquitaine müht sich redlich um seinen Bestand und seine Besucher. Aber der Aufreger war 2009 die Eröffnung von drei Sälen, die sich dem **Sklavenhandel** widmen. Ein brisantes Thema, denn viele wohlhabende Familien der Stadt haben einen *négrier* in der Ahnentafel. Mit 508 Expeditionen in den Jahren 1672–1837 steht Bordeaux in Frankreichs Sklavengeschäft an zweiter Stelle hinter Nantes. Auch die Revolution sprang nicht über diesen Schatten, vielmehr beendeten erst ökonomische Schranken die üblen Machenschaften.

Die Römer glaubten, der Geist eines Toten könne nur durch eine Bestattung zur Ruhe kommen. Da es aber vorkam, dass ein Leichnam nicht geborgen oder gefunden werden konnte, vollzog man Scheinbeisetzungen. Ein Kenotaph als Ehrenmal ersetzte dann das Grab. Im Fall Montaignes gab seine Witwe Françoise de Chassaigne das Werk ein Jahr nach dem Tod des Gatten als Gedenkstätte in Auftrag.

INFOS/ÖFFNUNGSZEITEN
Musée d'Aquitaine 1: 20, cours Pasteur, www.musee-aquitaine-bordeaux.fr, Di–So 11–18 Uhr, Dauerausstellung 5 €, mit Sonderausstellungen 6,50 €; gut sortierter Shop

com, Mo–Fr 10–15, 18–22, Sa 11–16 Uhr), wo man beispielsweise zu zweit ein Sortiment an Mini-Croques mit einem Liter Bier zum Preis von 17 € bestellen kann.

KULINARISCHES FÜR ZWISCHENDRIN
Flexitarisch hat etwas von den Ernährungsgewohnheiten der Groß- und Urgroßeltern: einen Braten für Sonn- und Feiertage, ansonsten weder Fisch noch Fleisch. Im **Banana Café** 1 (5, cours Pasteur, T 05 56 23 33 39, auf Facebook, Di–Sa 10–18, Fr/Sa 19.30–22.30, Brunch Sa/So 10–17 Uhr, Menü um 20 €) können Sie das bei kreativen jungen Leuten ausleben, auch Bio und glutenfrei.
Experten für Stullen sind **Messieurs Croquent** 2 (25, cours Pasteur, T 05 57 30 91 39, www.messieurscroquent.

Cityplan Karte 2, C 5 | **Tram** B: Musée d'Aquitaine

4

Sonne des Südens – **neues Leben am alten Hafen**

Drei Kilometer stehen bevor, eine Stunde im Schlendergang, aufgerundet mindestens vier Stunden, weil es unterwegs viel zu erleben gibt: Freiheit, Gleichheit, Brüderlichkeit und die pure Lust am unbeschwerten Dasein. Dem Versprechen muss man erst einmal trauen, da die Strecke im Fernblick nur bedingt einladend scheint. Dennoch: Diese Tour spiegelt am besten das neue Lebensgefühl der Stadt.

Wo ehemals Lagerhallen das Ufer versperrten, hat sich der Miroir d'eau zur coolen und kühlen Attraktion entwickelt.

Port de la Lune. Der alte Stolz auf den ›Mondhafen‹ scheint immer mal durch. Vom Pont de Pierre aus beschreibt die Garonne eine Sichel bis hin zum neuen Pont Jacques Chaban-Delmas. Dieses Stück Fluss, der Halbmond, war Umschlagplatz von Wein und Kolonialwaren. Für Ludwig XV. sollte Hofma-

Neues Leben am alten Hafen #4

ler Claude Joseph Vernet die bedeutendsten Häfen des Landes auf Leinwand pinseln. Die beiden Veduten von Bordeaux zeigen die Erhabenheit der jungen klassizistischen Stadt.

Wasser, Luft und Gräser

Mit solchen Bildern im Kopf scheint das alles nicht wahr, weder der Verfall (▶ S. 81) noch die Wiedergeburt. Was aber von den Socken haut: Diese Renaissance einer Legende hat das Zeug, selbst wieder zur Legende zu werden. Schon auf Höhe der Porte Cailhau (▶ S. 23) ahnt man die Tragweite. Eine breite Promenade säumt das Ufer, über die Gehwegplatten recken sich Blüten und Gräser des **Jardin des Lumières** 1. Liebhaber dürften von der Vielfalt der blühenden Pflanzen ebenso begeistert sein wie vom Planungstalent der Gartenbauer. Der schnellere Treffer in Herzen und Köpfe gelingt dann aber dem **Miroir d'eau** 2 (›Wasserspiegel‹). Der flache Brunnen spielt in Phasen mit seinem Wasser, lässt Nebel und sanftes Sprudeln immer wieder mit einer unbewegten Lache wechseln, in der sich architektonische Pracht spiegelt. Das wohl schönste Bild darin ist die erleuchtete Place de la Bourse bei Einbruch der Dunkelheit. Mit Kindern kann es lange dauern, bis dieser Spaß ermüdet. Zudem warten hinter dem Brunnen schon allerlei Straßenkünstler mit neuem Zauber.

BMX-dich in die Lüfte im Skate Park Colbert. Wer besonders hoch abhebt, hat sogar einen Traumblick über die Garonne.

Weiter nördlich sorgt wieder die Gartenpracht für Faszination. Der Quai dort ist nach Ludwig XVIII. benannt, dem König, der auch nach Revolution und Kaiserreich nicht von der Monarchie lassen konnte. Bordeaux ehrt ihn, das sagt etwas über den politischen Geist der Stadt. Vielleicht würde man sie sich lieber revolutionär wünschen, aber Zufriedenheit hält den Ball flach, letztlich auch bei der Jugend. Für sie gibt es am Quai des Chartrons das **IBAÏA Café** 1 zum Abhängen und nicht weit davon den **Skate Park Colbert** 1 zum Abheben. Es sind Module für Anfänger wie auch für Könner auf Skateboard und BMX installiert, während das Fußvolk getrost ein paar Maulaffen mitbringen darf.

Innen Leben

Mit Hangar 14 neben dem Skate Park beginnt das große Umnutzungsabenteuer der Stadt, in diesem Fall wurde aus der Lagerhalle ein Zentrum für

#4 Neues Leben am alten Hafen

2007 lief er zur letzten Fahrt aus: der Kreuzer ›Colbert‹. Bis zur Ausmusterung war das Museumsschiff Kulisse eines Marktes, der dann umbenannt wurde in **Marché des Quais** 2. Jeden Sonntag 7–13 Uhr gibt es dort am Quai des Chartrons aquitanische Spezialitäten, gesellige Restauration sogar bis 15 Uhr.

Ausstellungen und Kongresse. Die Hangars 1–13 haben das Zeitliche gesegnet, Nr. 15–19 wurden geradezu geadelt, indem man sie als **Outlet Center** am **Quai des Marques** 1 mit Boutiquen und Restaurants bestückte (www.quaidesmarques.com/Bordeaux). Hangar 20 hält als **Cap Sciences** 3 mit Ausstellungen zu Wissenschaft, Technik und Industrie dagegen. Darüber hängt wie ein Geier der **Pont Jacques Chaban-Delmas** 4. Seit 2013 quert diese Hubbrücke die Garonne, ihr mittleres Segment kann für den Durchlass großer Schiffe gehoben werden. Es lohnt ein Erkundungsgang für den Blick zurück auf die Quais und voraus auf die **Cité du Vin** 5 (▶ S. 59).

Den Rückweg können Sie auf die andere Seite der Uferstraße verlagern, vorbei am Kongresszentrum **Cité Mondiale** 6 (darin Hotel Mercure mit Panoramablick von der Frühstücksterrasse) und dem **Musée d'Art Contemporain** 7 (▶ S. 55). Die Bars und Restaurants dazwischen haben das Erbe der verblichenen Hafenszene angetreten.

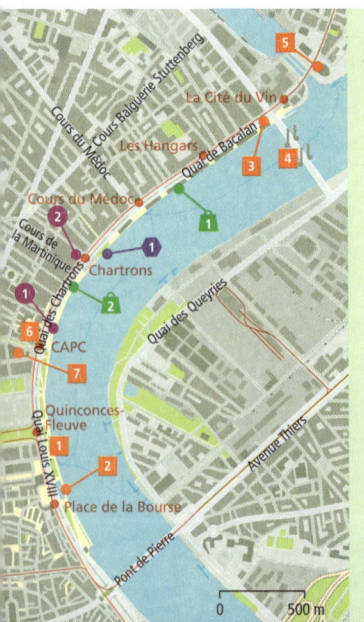

INFOS/ÖFFNUNGSZEITEN

Cap Sciences 3: Quai de Bacalan, www.cap-sciences.net, Di–Fr 14–18, Sa/So 14–19, in den Schulferien auch Mo 14–18 Uhr
Skate Park Colbert 1: 9–22 Uhr, kostenlos

KULINARISCHES FÜR ZWISCHENDRIN

Palmen in Kübeln und aufgeschütteter Sand suggerieren Bacardi-Feeling im **IBAÏA Café** 1 (24, quai des Chartrons, T 05 56 00 45 35, auf Facebook, Di–Fr 10–2, Sa 10–0, So 10–18 Uhr), das man aber angesichts wuchtiger Preise nur für einen Drink nutzen sollte. Geselliger Stopp für Wein und preiswerte Abendmahlzeiten ist **Le Bistrot du Fromager** 2 (73, quai des Chartrons, T 05 56 98 17 08, www.lebistrotdufromager.com, Di–Sa 18–1.30 Uhr, gemischte Platten ab 10 €).

Cityplan E–H 7–11 | **Tram** C: Porte de Bourgogne und Quinconces, B von Quinconces bis Cité du Vin

Welterbe im Schweinsgalopp – **die Place de la Bourse**

Haydn, Mozart, ta-ta-ta-taaa. Im Kopf meldet sich so manches Musikstück, wenn man über die Garonne hinweg auf Bordeaux schaut und sich von der Harmonie der Place de la Bourse in eine längst vergangene Epoche tragen lässt. Ja, man wusste zu inszenieren, schuf mit dem pompösen Platz ein Amphitheater, das sich zum Wasser öffnet und die Stadt zur Bühne macht. Nur dass ta-ta-ta-taaa: Beethovens Fünfte noch längst nicht komponiert war, als Intendant Claude Boucher 1730 zum Umbau von Bordeaux aufrief.

Licht am Tag übergibt an Licht in der Nacht: Die Place de la Bourse erstrahlt allabendlich in pompösem Glanz.

Es zählt wahrlich nicht zu den leichten Aufgaben, so ein pompöses Erbe in die Moderne einzubinden. Vielmehr lässt sich eine lange Liste

#5 Place de la Bourse

Alles ist Trug, aber kein Lug: Im Grand Théâtre wird Illusion so genüsslich zelebriert, dass der Besucher willig in Tagträume versinkt.

missglückter Beispiele anführen, wo Paläste in Platzmusik ertränkt werden, Säulen zu Postkartenkitsch verkommen und Autoverkehr das Regiment über architektonische Ordnung an sich reißt. Dagegen blieb die **Place de la Bourse** 1 der selbstverständliche und lebendige Nabel von Bordeaux, umgeben von den Häusern jener Zeit und bestimmt auch genehm für viele weitere Generationen.

Am Anfang war der Platz

Das mittelalterliche Bordeaux hatte sich eingekapselt in seine Stadtmauern, die einstige Römerstadt war eng geworden. Dagegen hatten die von Paris bestellten Intendanten Claude Boucher und Louis-Urbain Aubert de Tourny Luftsprünge im Sinn. Sie wollten entsprechend dem Wunsch von König Ludwig XV. eine Vorzeigestadt gestalten, die den Wohlstand aus Wein- und Kolonialhandel spiegelte. Mit großer Geste öffnete Architekt Jacques-Ange Gabriel (1698–1782) die Stadt zur Garonne hin, indem er alte Mauern niederreißen ließ. Links und rechts einer Sichtachse setzte er auf den so geschaffenen Platz das **Palais de la Bourse** 2 (heute Industrie- und Handelskammer, Kongresszentrum) und das **Hôtel des Fermes du Roi** 3 (heute Zollamt mit Musée National des Douanes). Wer die Pracht aus der Nähe bestaunt,

Jeden zweiten Dienstag im Monat gibt es von 17 bis 19 Uhr an der Place de la Bourse kostenlose Umarmungen *(câlins gratuits)* durch männliche und weibliche Anhänger der Free Hugs Bordeaux. Man hörte davon, dass auch mehr daraus werden kann. Fotos und Außerplanmäßiges finden sich auf einer eigenen Facebook-Seite.

Place de la Bourse #5

bemerkt die Vielfalt der Maskarone an den Fassaden: Gesichter antiker Götter, Engel, Fabelwesen, aber auch Afrikanerinnen, die auf den Reichtum durch Sklavenhandel hinweisen.

In Paris staunte man so sehr über Gabriels Werk, dass er dort später den Auftrag für die Place de la Concorde erhielt. Es sollte aber noch die gesamte Stadtentwicklung Furore machen. Ein gewisser Georges-Eugène Haussmann, der große Planer an der Seine, bezog viele seiner Konzepte von den 100 Jahre älteren Entwürfen in Bordeaux. Während Boucher dazu nur die Anfänge legte, geht die große Wende auf Tourny zurück. Er ließ den Hafen umbauen und dort Kais errichten, damit Schiffe direkt am Ufer und nicht mehr nur in einer Fahrrinne ankern konnten. Plätze, eine begrünte Ringstraße an der Stelle der alten Stadtmauern, 300 klassizistische Häuser und die neuen Stadtmauern entsprangen Tournys Visionen. Nur der König, den die beiden Intendanten

INFOS/ÖFFNUNGSZEITEN

Bordeaux Patrimoine Mondial: 2–8, place de la Bourse, T 05 56 48 04 24
Musée National des Douanes: Place de la Bourse, im Hôtel des Fermes du Roi **3** (▶ S. 79)
Grand Théâtre 5: Place de la Comédie, T 05 56 00 85 95, www.opera-bordeaux.com, Führungen Sept.–Juni Mo–Fr 14.30, 16, 17.30 Uhr, 6 €

KULINARISCHES FÜR ZWISCHENDRIN

Fischsuppe, Schinken, Käse und Wein gruppieren sich um die Hauptsache dieses Insidertreffs: Austern. Seit 1990 besteht die **Boîte à Huîtres 1** (38, cours du Chapeau-Rouge, T 05 56 81 64 97, http://boiteahuitres.com, Di–Sa 10–14, 18–23, So 10–14 Uhr, Mittagsmenü 22 €).

Die vierte Mauer des Grand Théâtre, **La Quatrième Mur 2** (T 05 56 02 49 70, www.quatrieme-mur.com, tgl. 12–15, 19.30–23 Uhr, Mittagsmenü ab 29 €), ist die Nordseite, wo die stilvolle Wandelhalle mit vorgelagerter Terrasse als Brasserie dient. Chefkoch Philippe Etchebest ist TV-Star. Entsprechend illuster sind seine Gäste, zu denen aber kaum Touristen zählen, weil so ein Theatercafé schnell mal verkannt wird.

Cityplan Karte 2, D/E 2/3 | **Tram** C: Place de la Bourse

#5 Place de la Bourse

Brunnen der Drei Grazien

Römische Göttin mit sechs Buchstaben? Kreuzworträtsel sind zufrieden mit knappen Antworten und führen auch nicht weit über den Zeitvertreib hinaus. Die Lösung in diesem Fall könnte **Tutela** sein, die Personifizierung der Schutzherrschaft. 18 Säulen *(piliers)* standen noch von einem Gebäude, das als Tempel der Tutelle gedeutet wurde. Nach einem Bürgeraufstand beschloss Ludwig XIV., eine alte Garnison zwecks Sicherung seiner Macht wiederzubeleben. Um eine breite Zufahrt zu diesem Château Trompette zu schaffen, ließ Baumeister Vauban die störende Römerruine 1677 abreißen. Letzte Reste ruhen im Musée d'Aquitaine (▶ S. 28).

ehren wollten, kam nicht zu seinem Recht. Die Place Royale, wie der Börsenplatz zunächst hieß, erhielt zwar einen steinernen Ludwig XV. hoch zu Ross, aber die Statue wurde während der Französischen Revolution zertrümmert. Seit 1864 plätschert an ihrer Stelle der **Brunnen der Drei Grazien** 4, als Fotomotiv um Längen tauglicher als ein galoppierender König.

Vom Tempel zum Theater

Die Place de la Bourse ist quasi ein Bordeaux von links gedacht. Da die Römer ihren Hafen ein kleines Stück ins Land gezogen hatten, lag nämlich dort das historische Stadtzentrum. Bis zum Abriss 1677 waren noch die **Piliers de Tutelle** verblieben, wahrscheinlich ein Rest vom römischen Forum. Dort verlief das typisch antike Straßenkreuz mit *cardo* (heute Rue Ste-Catherine) und *decumanus* (Cours du Chapeau-Rouge/de l'Intendance; nach anderer Auslegung Rue St-Rémi/Porte Dijeaux). An diesem neuralgischen Punkt errichtete Architekt Victor Louis 1773–80 das **Grand Théâtre** 5 nach dem Muster eines antiken Tempels. Mit einer Grundfläche von 88 x 47 m wurde es ein Gigant. Zwölf Säulen mit korinthischem Kapitell tragen eine Balustrade, auf der neun Musen und drei römische Göttinnen stehen. Das Foyer mit Glaskuppeln und doppelläufiger Treppe nahm das Konzept der heute berühmteren Pariser Oper (1861–74) vorweg.

Als Kontrapunkt steht gleich gegenüber das frühere Palais Bordelais, das Architekt Michel Pétuaud-Létang und Dekorateur Jacques Garcia bis 2008 ins luxuriöse **Grand Hôtel de Bordeaux & Spa** 6 verwandelten, ohne die Fassade aus dem 18 Jh. zu verändern.

Damit wären die klassizistischen Highlights beschrieben, aber längst nicht das vollständige Architektur-Repertoire aus der Zeit des großen Umbaus. Etwa 5000 Häuser entstanden im neuen Stil, der die antiken Formeln neu deutete: Strenge, Symmetrie, Monumentalität, sparsames Dekor und klare Herausarbeitung der architektonischen Ordnung. 2007 nahm die UNESCO die restaurierte und aus einem Guss bestehende Altstadt als »herausragendes urbanes und architektonisches Ensemble aus dem Zeitalter der Aufklärung« in die Liste des Weltkulturerbes auf.

Wie Bordeaux tickt– **die Esplanade des Quinconces**

Man muss mal Tram fahren, um es sich anzuhören: Quinconces. Die beiden Nasale in und on deutlich verschieden, q eine Spur knackiger als das c vor dunklem Vokal, butterweich dagegen das c vor es. Quinconces. Die Frauenstimme, die in der Straßenbahn diese Ansage flötet, klingt geradezu stolz auf das Wort, das man getrost bis zur Endstation üben mag, ohne es so galant hinzukriegen. Also noch einmal: Quinconces. Aussteigen, bitte!

Freiheit, die beflügelt: Über dem Girondistendenkmal thront das Symbol grenzenloser Ungebundenheit. Dagegen setzt das Riesenrad der Kirmes seine verspielten Gondeln.

Nach dem Kabinettstück der Place de la Bourse erscheint dieser nächste Platz an der Garonne wie ein vakanter Lückenfüller, sofern es so etwas geben sollte. Jedenfalls wie ein

Begegnung der Jahrhunderte: Zwei Lockenköpfe bestaunen einander wie Weltwunder.

Etwas, das erst noch auf Sinngebung wartet. Aber die **Esplanade des Quinconces** 1, mit 12,6 ha ein europäischer Rekordhalter (▶ S. 9), besitzt ihre versteckten Reize und Rätsel. Zum Beispiel: Was soll dieser seltsame Name? Zur Antwort geht es um die Ecke. Quinconces steht für die Ordnung der Augenzahl Fünf auf einem Würfel. Diesem Pflanzmuster folgen die Platanen auf dem Platz.

Dichter unter Laub

Vom Fluss schreitet man über eine breite Treppe zur Esplanade hinauf und schaut fragend auf die beiden Säulen, die sich links und rechts wie Minarette auftürmen. Sie sind 21 m hoch, stehen dort seit 1828 als Willkommensgruß am Hafen und tragen auf ihrer Spitze allegorische Figuren für Handel und Seefahrt. Dahinter warten je nach Jahreszeit und Wochentag ein Zirkus, eine Kirmes, eine Ausstellung, ein Trödel- und Blumenmarkt oder schlicht ein Parkplatz. Aber auch das gibt es: 1994 gaben Pink Floyd dort ein Konzert. Bis 1818 machte sich auf dem Gelände das Château Trompette breit, seine Kanonen sollten die Bürger im Zaum halten – erstmals auf Geheiß von König Karl VII. nach dem Hundertjährigen Krieg, dann noch entschiedener und wuchtiger gemäß dem Wunsch von Ludwig XIV., dem die Unruhen der Fronde (1648–53) in den Knochen steckten. Nach der Revolution von 1789 hatte sich der Argwohn erledigt, das Château konnte abgerissen und bis 1828 die Esplanade angelegt werden. Das ergab viel Raum für Spaziergänge

Ab und zu unterwandert die Kirmes auf der Esplanade den Frieden, der heute den Girondisten-Brunnen umgibt. Aber sie beschert eine willkommene Kehrseite, denn dicht beim Monument wird gerne ein Riesenrad aufgebaut, dessen Gondeln den Adlerblick auf das Denkmal gestatten.

Esplanade des Quinconces #6

unter dem Blätterdach, wo auch zwei honorige Herren aus Carrara-Marmor den Schatten nutzen: Montaigne und Montesquieu. Ihr Schöpfer Dominique Fortuné Maggesi arbeitete vier Jahre an den beiden Riesen, 1858 wurden sie aufgestellt, müssten sich aber tiefer herabbeugen, um Freund auf Augenhöhe zu werden. Als sie noch lebten (Montaigne 1533–92, Montesquieu 1689–1755), waren sie Winzer, Stadträte *(jurats)* und Schriftsteller von internationalem Rang.

Radikal gemäßigt

In der Zielgeraden am westlichen Ende sonnt sich ein Denkmal, das zu den Top-Zugpferden der Stadt zählt. Dieses **Monument aux Girondins** 2 (1894–1902) ist gleichsam die Freiheitsstatue von Bordeaux. Auf 43 m hoher Säule im Zentrum thront eine Figur, die ihre Ketten sprengt. Am Sockel findet sich ein Brunnenpaar mit allegorischen Figuren: Bronzene Pferde und eine Frau stehen für den Sieg der Republik über das Königreich; drei missgebildete Männer im Brunnenbecken für Unwissenheit, Laster und Lüge; eine Gruppe von Kindern wiederum für eine schulische Ausbildung, auf die der Klerus keinen Einfluss hat. Die Sinnbilder fassen zusammen, was den Girondisten (frz.: *girondins)* während der Französischen Revolution

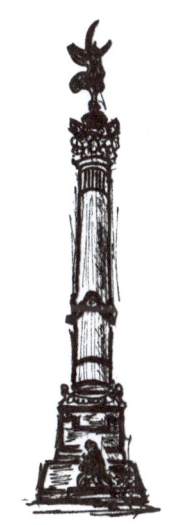

Das Monument aux Girondins

KULINARISCHES FÜR ZWISCHENDRIN

Von der Garonne bis zur Place Tourny herrscht gastronomisch Ebbe, sofern nicht gerade aus festlichem Anlass Imbisswagen auf die Esplanade des Quinconces gekarrt wurden. Gleichsam unter Hölderlins Schreibtisch bietet die Bäckereikette **Paul** 1 (1, place Tourny, T 05 56 81 41 89, www.paul.fr, Mo–Sa 8–20 Uhr, Menü ab 7 €) Frühstück und Mittagessen von leicht gehobener Fließbandqualität und sogar ein Roggenbrot mit Nüssen.

In eine andere Welt trägt **Le Café de France** 2 (4, cours de Verdun, T 05 56 79 13 13, http://lecafedefrancebordeaux.fr, Mo–Sa mittags, Do–Sa abends bis 22.30 Uhr, Tagesgericht 14 €), dessen Salon im Stil der 20er-Jahre eingerichtet ist. Insider bestellen die gemischte Platte mit Käse, Wurst und Austern zum Teilen, ab 20 €).

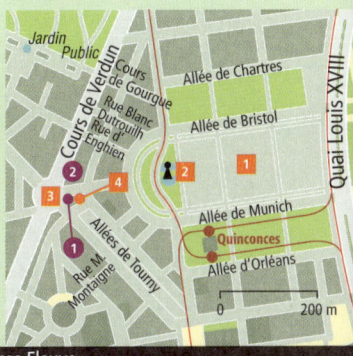

Cityplan C/D 9/10 | **Tram** B und C: Quinconces Fleuve

#6 Esplanade des Quinconces

▶ **LESESTOFF**

Poesiewanderung: Auf Hölderlins Spuren wanderte Thomas Knubben nach Bordeaux, um das Rätsel des umnachteten Dichters zu lösen. Eine Enthüllung wurde daraus zwar nicht, wohl aber ein lesenswertes Buch: **Hölderlin. Eine Winterreise** (Tübingen 2011).

am Herzen lag. In einer frühen Phase der Bewegung hatten sich diese Abgeordneten der Gironde als Wortführer etabliert. Ihr besonderes Anliegen war es, das betuchte Bürgertum gegenüber dem Adel zu stärken. Nach oben, Richtung König und Paris, konnte das als revolutionär gelten. Nach unten, gegenüber dem einfachen Volk, war es reaktionär. Mit dem Triumph der radikalen Jakobiner wartete dann auch die Guillotine auf die allzu gemäßigten Girondisten. Sie hatten es versäumt, aus ihrer Position den übersteigerten Eigennutz zu tilgen, und erhielten dafür die blutige Quittung. Wer überlebte, sah sich dennoch in der Märtyrerrolle und forderte Freiheit – bei bedingter Brüderlichkeit und niedrigschwelliger Gleichheit.

Der Brunnen verklärt, heroisiert. In Italien wäre er sicher fest in der Hand einer Gelati-Camorra, die keinen Lärm scheuen würde, um Touristen mit Pizza, Armbanduhren und Benvenuti-T-Shirts den letzten Cent aus der Tasche zu fischen. In Bordeaux dagegen bleibt es ruhig um das kraftstrotzende Werk, das wegen seines hohen Materialwerts 1943 vor den Deutschen in einem See versteckt und erst 1984 erneut hier aufgestellt wurde. Ein Halbrund schließt dahinter den Riesenplatz, durch eine Straßenschleuse sieht man eine Statue gegen den Verkehr fuchteln. Das Werk zeigt Louis-Urbain Aubert, Marquis de Tourny (▶ S. 36), der 1743–57 als Intendant den Stadtumbau dirigierte und inzwischen vielleicht froh wäre, wenn die **Place Tourny** 3 zu seinen Füßen nicht gar so erfolgreich in die hastende Neuzeit gestolpert wäre.

→ **UM DIE ECKE**

Am 28. Januar 1802 klopfte der Dichter Friedrich Hölderlin an die Tür des Hauses **37, allées de Tourny** 4. Er hatte einen wochenlangen Fußmarsch durch das winterliche Frankreich hinter sich und wollte nun seine Stelle als Hauslehrer beim deutschen Weinhändler Daniel Christoph Meyer antreten. Es gehe ihm ausgezeichnet, schrieb er Ende April an seine Mutter, nur um am 6. Mai überstürzt die Stadt zu verlassen und schließlich geistig verwirrt wieder in seiner Heimat einzutreffen. Bis heute zählt es zu den großen Rätseln der Literaturgeschichte, was Hölderlin in Bordeaux zugestoßen sein könnte.

Shop the top – **im Triangle d'Or**

Laos, Thailand, Myanmar – Schlafmohn verleiht dem Goldenen Dreieck in Asien seine Klammer. Die Geometrie hat eine zweite, Bordeaux eine dritte Auslegung des Triangle d'Or. Dort versteht man darunter das Zentrum des gehobenen Einkaufs. Wie es sich für eine Stadt des Südens gehört, sind die Eckpunkte durch Plätze definiert: Tourny, Comédie, Gambetta.

Da uns die vorherige Tour an der **Place Tourny** [1] zurückließ, machen wir doch einfach dort weiter. In Blickrichtung des steinernen Marquis öffnen sich die 65 m breiten **Allées de Tourny,** die der Intendant 1743–57 als Prachtstraße und quasi als Fingerzeig ins Weinbaugebiet des Médoc bauen ließ. An Tournys Hintern vorbei führt der Weg schnurstracks zu den großen Lagen. Man kann

Wein macht schwindelig: Die mehrstöckige Wendeltreppe im L'Intendant verleiht der Wirkung von Alkohol ein adäquates Bild.

#7 Triangle d'Or

sich die Dinge erleichtern und gleich vor der Nase das Sortiment bei **Badie** 🔒 studieren. So lang Bordeaux denken kann, jedenfalls seit 1880 steht dort in den Schaufenstern Süffiges und schmerzlich Teures aus dem Bordelais. Gucken kost' ja nix.

Tournys Paradestück

Badie hat eine gerade Hausnummer, das will was heißen auf den Allées. Denn dort stammen die Häuser mit ungerader Nummer erst aus dem 19. Jh., die mit gerader auf der anderen Straßenseite aus dem Jahrhundert davor. Sie mussten zunächst niedrig bleiben, um sich unter das Kanonenfeuer des Château Trompette (▶ S. 40) zu ducken, wurden aber später aufgestockt – man sieht hier und da den Stilmix.

Cadiot-Badie 2 ist sogar schon länger etabliert als der Weinhändler Badie, nämlich seit 1826. Kerngeschäft Schokolade, Zusatzerwerb kandierte Früchte: Eine kaffeebraune Pralinensorte aus Pariser Crème mit Rum und Rosinen geht hier anstandslos zum Kilopreis von 80 € über den Ladentisch – sogar unter dem Namen Négrita mit adäquater Abbildung auf der Banderole.

Das wäre auch für **Le Noailles** 1 zu konstatieren. Der Name nimmt Bezug auf das Künstlerleben der 1920er-Jahre an der Côte d'Azur, die Brasserie selbst besteht seit 1932. Stammgast in ihrem Spiegelsaal war François Mauriac (1885–1970), der mit

Jahrhundert der Träumer: Die Galerie Bordelaise rührt aus einer Zeit, als Einkauf noch Raum für Extravaganz ließ.

Montaigne und Montesquieu die drei literarischen M der Stadt bildet. Mauriacs katholisch geprägtes Werk stapelt sich noch heute in den Buchhandlungen der Region, zählt andernorts aber zu den Ladenhütern. Ein Häuschen weiter und ziemlich unauffällig logiert seit 1974 die **Parfumerie de l'Opéra** 1. Inhaberin Micheline Favreau-Cerrato entwickelte 2006 das Parfüm L'Eau de Bordeaux. Duftreseda entfalte sich auf einer Basis aus Moschus, Zedern- und Sandelholz, sagt sie.

Das altmodische Karussell gegenüber der ebenso altmodischen Parfümerie bleibt das ganze Jahr über aufgebaut und findet auch heute noch, trotz ›Voodoo Jumper‹ und ›Disco Jet‹, seine Liebhaber. Im imposanten Bügeleisenhaus auf der anderen Straßenseite – ungerade Nummer, also 19. Jh. – findet sich die **Maison du Vin** 2, Infobörse für die Weine des Bordelais. Den gleichen Dienst, nur mit deutlich ausgeprägtem Umsatzinteresse leistet die Weinhandlung **L'Intendant** 2. Ihre Innenarchitektur dürfte Segen und Fluch sein, denn die Wendeltreppe, die über fünf Stockwerke Weinregale erschließt, lockt Genießer aller Art.

Auf dem Intendanten-Walk

An der **Place de la Comédie** 3 ist der erste Schenkel des Goldenen Dreiecks geschafft – der ruhigste, was Geschäfte angeht. In der Hinsicht hat der Cours de l'Intendance die Nase vorn, ohne wuselig zu sein. Die Gemischtnutzung durch Tram und Trottoir besitzt ihren eigenen Reiz. Früher galt die parallel verlaufende Rue de la Porte Dijeaux als Erbin der römischen Hauptachse *decumanus*. Heute hat man eher den Cours de l'Intendance im Verdacht. Einigkeit herrscht aber darin, dass aus der antiken Nord-Süd-Achse *cardo* die Rue Ste-Catherine wurde. Sie ist Einkaufsstraße des kleinen Mannes und letztlich nur ihrer imposanten Länge wegen markant. Es lohnt aber der kurze Gang zur Nr. 12, der **Galerie Bordelaise** 4, einer luxuriösen Einkaufspassage von 1833. Gegenstück ist am Cours de l'Intendance Nr. 19 die **Passage Sarget** 5 mit ihrem historischen Shopping-Paradies unter Glas.

Wo heute die Straßenbahn vom Cours in die Rue Vital Carles abbiegt, verbrachte Francisco José de Goya y Lucientes seine letzten Jahre (1824–28). Mit den »Schrecken des Krieges«, den Spanien ge-

Ende Mai verwandeln sich die Allées de Tourny in ein Theater der Sinne. Die Spitzenrestaurants der Stadt laden dann zum zweiwöchigen Fest **Les Épicuriales** ein, bei dem man sich täglich von 11 bis 1 Uhr den Freuden von Lukullus und Bacchus hingibt (www.epicuriales.com/fr). Am Jahresende ist die Prachtstraße Schauplatz des großen Weihnachtsmarktes.

#7 Triangle d'Or

KOPFLOS

Der Arzt **Joseph-Ignace Guillotin** hatte Gutes im Sinn, als er 1789 eine Hinrichtungsmaschine forderte, denn das Fallbeil sollte grausamere Methoden ersetzen. Indessen bleibt strittig, ob der Tod schmerzfrei eintrat. Zumindest weiß man aus zeitgenössischen Berichten, dass die abgetrennten Köpfe noch bis zu 30 Sekunden lang Reaktionen zeigten und sogar Sprachversuche unternahmen. Bei der Enthauptung von König Ludwig XVI. waren sogar mehrere Durchgänge erforderlich, bis der Kopf vollständig vom Rumpf getrennt war. Der tunesische Zuhälter Hamida Djandoubi war das weltweit letzte Opfer einer Guillotine – und zwar erst am 10. September 1977.

gen die Übergriffe Napoleons focht, gilt der Hofmaler Goya immer noch als Patriot, doch setze er zugleich Hoffnungen in französische Reformen. Die Wiedereinführung der Inquisition in Spanien trieb ihn dann ins Exil nach Bordeaux. Dort wurde er beigesetzt, 1919 aber in seine Heimat überführt. Die **Casa de Goya** 6 fristete ein verstaubtes Dasein, bis sie im Auftrag des Instituto Cervantes saniert wurde.

Die Straßenbahn schwenkt vom Cours ab und hält bald darauf vor der **Librairie Mollat** 5. Keine Buchhandlung Frankreichs ist größer als sie, nur eine ist älter. 1896 eröffnete Mollat sein Geschäft an dieser Stelle, wo einst Montesquieu seine letzte Bleibe in Bordeaux gehabt hatte. Heute erstreckt sich die Librairie auf 2700 m² über mehrere Häuser an der Ecke Rue Vital Carles/Rue de la Porte Dijeaux – eine Sehenswürdigkeit eigener Art und auch ein Stöberparadies.

Schafott und Schaufenster

Von Mollats Südfenstern aus erblickt man schon die **Porte Dijeaux** 7 (1748–53). Nach der Fertigstellung begab sich der Architekt André Portier an die Gestaltung der **Place Gambetta** 8 gleich vor dem Tor. Der weite Platz mit Grünanlage und Teich im Zentrum liegt als Kontrapunkt in der geraden Flucht der Place de la Bourse, erntet aber nicht entfernt die gleiche Aufmerksamkeit, obwohl von etwa 50 denkmalgeschützten Häusern umgeben. Diese Arena außerhalb der alten Stadtmauern war zwischen Oktober 1793 und Juli 1794 Schauplatz von etwa 250 öffentlichen Enthauptungen. Die Revolution fraß ihre Kinder, deren Freunde und Feinde genüsslich zusahen.

Der Cours Georges-Clemenceau wäre der dritte, recht laute Schenkel des Goldenen Dreiecks. Die bessere Wahl führt zum kreisrunden **Marché des Grands-Hommes** 6. Einen Markt gab es dort schon vor über 200 Jahre, als auch die umliegenden Häuser gebaut wurden. *Grands hommes,* große Männer, gaben ihre Namen für die sternförmig ausstrahlenden Straßen, unter ihnen Montesquieu, auf dessen Straße **Jean d'Alos** 7 sein Käseparadies hat. Schnuppern Sie mal rein: Altmodisch gekleidete Bedienstete sammeln die vom Kunden aus unendlich vielen Sorten ausgewählte Ware in Weidenkörben, die sie dann zur Kasse zu tragen.

Triangle d'Or #7

INFOS/ÖFFNUNGSZEITEN

Office de Tourisme: 12, cours du XXX Juillet, T 05 56 00 66 00, www.bordeaux-tourisme.com
Maison du Vin 2: 1, cours du XXX Juillet, www.bordeaux.com/de, Mo–Sa 11–22 Uhr
Casa de Goya 6: 57, cours de l'Intendance, Mo–Do 9–18, Fr 9–15 Uhr
Badie 1: 60–62, allées de Tourny, www.badie.com
Cadiot-Badie 2: 26, allées de Tourny, https://cadiot-badie.com
Parfumerie de l'Opéra 3: 10bis, allées de Tourny, https://parfumerie-opera-bordeaux.fr
L'Intendant 4: 2, allées de Tourny, www.intendant.com
Librairie Mollat 5: 15, rue Vital Carles, www.mollat.com
Marché des Grands-Hommes 6: Place des Grands-Hommes, Mo–Sa 10–19.30 Uhr
Jean d'Alos 7: 2, rue Montesquieu, auf Facebook
Eine Shopping-App für Bordeaux hat die einprägsame Webadresse **www.bordeaux-shopping.com**.

KULINARISCHES FÜR ZWISCHENDRIN

Schier unvermeidlich für einen Happen und historisch wie atmosphärisch erbaulich ist **Le Noailles** 1 (12, allées de Tourny, T 05 56 81 94 45, http://lenoailles.fr, tgl. 9–23 Uhr, wechselnde Tagesgerichte ab etwa 17 €). Stilvollen Proviantkauf von Wein bis Käse tätigt man im Feinkostgeschäft **Baud et Millet** 2 (19, rue Huguerie, T 05 56 79 05 77, http://baudetmillet.com, Käse-Tapas 15 €), das zugleich als unverbrauchte Adresse für halbe bis volle Mahlzeiten taugt.

Cityplan Karte 2, A–C 1–3 | **Tram** C: Jardin Public

 # 8

Pracht in Bordeaux-Grün – **vom Jardin Public nach St-Seurin**

Das Label ›nach französischer Art‹ kann auf allerlei hinauslaufen. Einst gab es massenhaft Hotelzimmer à la française, die man am liebsten gleich rückwärts wieder verlassen hätte. Aber es existieren Positivbeispiele, etwa der Garten französischer Art. So etwas besaß Bordeaux ehemals auf riesiger Fläche. Inzwischen ist ein Park englischer Art daraus geworden: der Jardin Public. Wandel kann ja nicht schaden.

Anemone unter Wildtulpen: ein Rest von Formal Garden in einem Winkel des Jardin Public.

Von einem *formal garden* sprechen die Briten und lassen deutlicher anklingen, was Sache ist: eine von Geometrie und Menschenhand in strenge Form gebrachte Flora. Je höher die Kunst,

desto komplizierter die Begrenzungen, Wege, Farbmuster, Wuchshöhen, Symmetrien und Sichtachsen. Anders gesagt: Ein gezirkelter Vorgarten hat nicht per se Anspruch auf das Prädikat *à la française*.

In die Rabatten

10 ha überließ Intendant Tourny 1746 dem Architekten Jacques-Ange Gabriel zur Gartenwerdung, eine immense Aufgabe, die zehn Jahre in Anspruch nahm. Ein Zweck des Jardin bestand darin, Adel und Geldadel exotische Pflanzen zu präsentieren, die Seefahrer aus den Kolonien mitgebracht hatten. Gabriel legte den Garten um ein Gewässer und umgab ihn mit einem schmiedeeisernen Zaun, der in Teilen noch steht. Aber die Gartenanlage französischer Art ist verschwunden. Denn während der Revolution ersetzte man Blumen und Sträucher durch eine riesige Rasenfläche für Empfänge und Lustbarkeiten.

Mitte des 19. Jh. hatte die Mode umgeschlagen. *À la française* galt als antiquierte Laune des Absolutismus, es musste Freiheit her für den Bürgergarten, den **Jardin Public** 1. Die Lösung sah man im englischen Landschaftspark mit weiten Fluchten, alten Bäumen und reichem Skulpturenschmuck. Eben das ist die Kulisse, die den heutigen Spaziergänger empfängt – eine wohlige grüne Weite mit vielen Ruhepunkten und Fernblicken, für ein Picknick ebenso geeignet wie für Spiele, Sport und Romanzen. An der Westseite des Parks birgt eine Villa von 1778 das **Muséum de Bordeaux** 2. Für die mehr als 1 Mio. Stücke, eine der bedeutendsten naturkundlichen Sammlungen Frankreichs, wurde das Haus über Jahre hinweg modernisiert und erhielt sogar eine unterirdische Erweiterung um 450 m².

Blutbad am Stadtrand

Roms Spiele, die sprichwörtliche Ergänzung zum Brot, zogen Volk an. Bis zu 15 000 Menschen lebten im antiken Burdigala. Als 150 ha großer Regierungssitz der Provinz Aquitania secunda entsprach diese Stadt dem Zwölffachen der heutigen Esplanade des Quinconces. Ein Amphitheater für alle gehörte in die Randlage. Reste der großen Arena aus dem späten 1. Jh. stehen heute fünf Gehminuten vom Naturkundemuseum entfernt

K KUNST & GRÜN

Die Bildhauerwerke im Jardin Public können Motiv für einen Entdeckungsgang sein. Ossip Zadkine (1890–1967) fertigte eine moderne Büste von François Mauriac. Beim Café steht die Bronze des Tiermalers Carle Vernet, der sich dort – in Szene gesetzt von Raymond Martin (1910–92) – kess vom Betrachter abwendet. Die eindrucksvolle Skulptur der Bordelaiser Künstlerin Rosa Bonheur (▶ S. 120) an der Westseite derselben Terrasse stammt von Gaston Veuvenot Leroux (1854–1942).

#8 Vom Jardin Public nach St-Seurin

als **Palais Gallien** 3 inmitten von Häusern, die teils aus Steinen des Römertheaters gebaut wurden. Auf die Südseite der Ruine blickt man von der Rue du Colisée, auf die Nordseite von der Rue Barraud.

Etwa drei Jahrhunderte gingen ins Land, bis in Bordeaux das Christentum Fuß fasste. Vom frühen Bischof Severinus (Seurin) heißt es, nur die Hälfte seiner Gebeine ruhe in Bordeaux, der Rest in Köln. Der Forschung fehlt darauf die verbindliche Antwort, doch weiß man, dass die **Basilique St-Seurin** 4 nach St-Étienne schon der zweite Bischofssitz von Bordeaux war, im 6. Jh. gefolgt von St-André (▶ S. 22). Wenn auch die heutige Kirche St-Seurin erst im 11. Jh. begonnen wurde, so bleibt doch angesichts ihrer Geschichte erleuchtend, dass dort Spuren einer gallo-römischen Nekropole zum Vorschein kamen, darunter das Epitaph einer gewissen Domitia aus dem Jahr 260 – das älteste christliche Zeugnis der Stadt. Sonstige Fundstücke werden im unterirdischen **Musée Paléochrétien** verwahrt.

INFOS/ÖFFNUNGSZEITEN

Jardin Public 1: Park Nov.–Mitte Febr. tgl. 7–18, Mitte Febr.–Ende März und Okt. 7–19, April/Mai und Sept. 7–20, Juni–Aug. 7–21 Uhr, Eintritt frei
Muséum de Bordeaux 2: 5, place Bardineau (Westseite des Jardin Public), www.bordeaux.fr, geplante Wiedereröffnung 2019

Palais Gallien 3: Führung über Bordeaux Tourisme, T 05 56 00 66 00, Juni–Sept. tgl. 10.30–15.30 Uhr, 3 €; nächtliche Führung Juli/Aug. Sa 21.30 Uhr, 5 €
Musée Paléochrétien 4: Place des Martyrs de la Résistance, Juni–Sept. 13–18 Uhr, 5 €

KULINARISCHES FÜR ZWISCHENDRIN

Bequem ist, wenn man gar nicht erst am Garten stolpern muss.
L'Orangerie de Bordeaux 1 (Cours de Verdun, T 05 56 48 24 41, www.lorangeriedebordeaux.com, Juni/Aug. tgl. 9–21, April, Mai, Sept. 9–20, sonst bis 18/19 Uhr, kleine Speisen ab 10 €) tut Besuchern den Gefallen.
Wein und Tapas sind das Angebot im gemütlichen **Nulle Part Ailleurs** 2 (19, cours du Maréchal Foch, T 05 56 52 27 58, www.nullepartailleurs.net, Mo–Sa 7.30–22.30, So 10–17 Uhr, gemischte Platte 14 €).

Cityplan C/D 9/10 | **Tram** C: Jardin Public

Doppelt yuppisiert – **Chartrons und die Fremden**

9

Der Name Desqueyroux ist kein Blumentopfgewinner und Nr. 54 am Quai des Chartrons eine jener Adressen, die seit Ewigkeiten verlassen scheinen. Hinter diesen Mauern ereignete sich vor langer Zeit ein Verbrechen. Bordeaux' Romancier François Mauriac verarbeitete es literarisch und verwendete im Titel jenen sperrigen Namen. Die Verfilmung mit Audrey Tautou lief als »Thérèse«. Die reale Person dahinter war einst als Giftmischerin angeklagt. Das Opfer, ihr Mann, zählte zum gutsituierten Korkadel.

Wo Geld regiert, hat es die Intrige oft nicht weit. Auch wenn es einen nicht mehr anspringt, war Chartrons so ein Ort des Geldes. Ein Schlüssel

Gut sortiert ist halb gerätselt: Im CAPC findet sich auch die berühmte Kunst, zu der die Putzfrau fragt, ob das vielleicht doch weg könne.

#9 Chartrons

dazu steht an der Rue Ferrère, beherbergt mittlerweile das Museum **CAPC** (▶ S. 78), hat aber als **Entrepôt Lainé** 1 eine gewichtigere Vergangenheit. 1824 als Lagerhaus errichtet, war es Zwischenspeicher für die Hälfte aller im Hafen umgeschlagenen Kolonialwaren. Pierre Balguerie-Stuttenberg, der den Bau forcierte, genießt bis heute hinreichend Ansehen, um Namengeber für eine Straße im Chartrons-Viertel zu sein. Dass er ebenso tief in den Sklavenhandel verstrickt war, sieht man ihm großzügig nach.

Bei den Korken- und Drahtziehern

Chartrons swingt auf dem Boden seiner widersprüchlichen Historie. Alljährlich im Oktober feiert das heutige Szeneviertel mit der ›Fête du Vin nouveau et de la Brocante‹ seine Wurzeln als Meister der Kellergeister. Die Rue Notre-Dame, in anderen Monaten auch schon mal trostlos, quillt dann über vor Fröhlichkeit zu Straßenmusik, jungem Wein und Trödelware.

Bei einer Rückblende ins 14. Jh. würde man Sumpfgelände betreten und vielleicht in das Kloster stolpern, das die Kartäuser *(chartreux)* dort gegründet hatten. Die Lage vor den Toren der Stadt besaß ihre Vorteile für Weinhändler, die sich so der staatlichen Kontrolle entziehen konnten. Englische, flämische, deutsche und skandinavische Kaufleute strömten nach Chartrons, die Familiennamen – darunter die Stuttenbergs aus Hamburg – künden noch von den ›Armutsflüchtlingen‹. Zu verdienen war an einer Sache, für die sich inzwischen das Blatt gewendet hat: Die Einwanderer machten ihr Glück als ›Korkadel‹, der Wein nicht selbst produzierte, sondern ihn lediglich zwecks Vermarktung abfüllte. Heute geschieht das in der Regel beim Erzeuger, was dann auch als Qualitätsmerkmal gilt.

Lady Liberty ist ein Geschenk Frankreichs an die USA, entworfen von Frédéric-Auguste Bartholdi – und von ihm selbst mehrfach kopiert. Paris und Colmar besitzen so eine Lady, aber auch Bordeaux. Bartholdi schuf 1888 einen Brunnen für die Place Picard und installierte dort eine Freiheitsstatue. Die Nazis schmolzen das Werk ein, doch steht im Chartrons-Viertel seit 2000 eine Replik – regelmäßig von Amerika-Gegnern besudelt.

Kneipen, Kunst und kühle Keller

Wein und der Handel damit sind Themen im recht kleinen **Musée du Vin et du Négoce** 2, das seine Einblicke an historischem Ort vermittelt. Auch der Niedergang des Korkadels ist in den kühlen Kellern des Quartiers präsent. Nach dem Zweiten Weltkrieg war es um die meisten Firmen geschehen, Chartrons musste sich neu positionieren. Der Wiedereinstieg ins Leben gelang gerade auch durch Verkauf alter Dinge. 1982 schlossen sich rund 30 Antiquitätenhändler zum **Village Notre-Dame** 🛈 zusammen, wo auf 1500 m² Paradiesisches zu entdecken ist. Theoretisch hat dort jedes Geschäft seine spezielle Ausrichtung, rein praktisch aber müssen sich fast alle als *antiquaires généralistes* bekennen, Allrounder also, deren Sortiment je nach Tagesform mal enttäuscht, mal beglückt. So oder so – unumgängliche Station bleiben die Kneipen und Restaurants an der **Place du Marché Chartrons** 🛈.

→ UM DIE ECKE

Hart erkämpft sich die moderne Künstlergasse **Rue du Faubourg des Arts** 3 einen Platz als nachrückende Attraktion am Rand des Quartiers. Neben Ateliers und Schulen ist es dort die **M.U.R. de Bordeaux,** die einen Akzent setzt – als *work in progress,* das mit immer wieder neuer Street Art beklebt, besprüht und bemalt wird.

INFOS/ÖFFNUNGSZEITEN
Musée du Vin et du Négoce 2: 41, rue Borie, T 05 56 90 19 13, www.museeeduvinbordeaux.com, ganzjährig tgl. 10–18 Uhr, 10 €
Village Notre-Dame 🛈: 61–67, rue Notre-Dame, www.villagenotredame.com
Marché Chartrons 🛈: Rue Sicard, Di–Sa 7–13 Uhr

KULINARISCHES FÜR ZWISCHENDRIN
Bio, hausgemacht, vegetarisch, glutenfrei – die komplette Öko-Klaviatur klimpert im **P'tit Chez Moi** ❶ (48, rue Notre-Dame, T 05 56 06 47 56, https://leptitchezmoi.business.site, Di und Mi 12–15, Do–Sa 12–17 Uhr, Büffet 2,90 €/100 g).
In der Pâtisserie **Micheline & Paulette** ❷ (21, rue Notre-Dame, T 09 83 34 53 93, Di 12–19.30, Mi–Sa 11–19.30, So 10–13 Uhr) kann man obenauf noch Süßes von göttlicher Qualität stopfen.

Was man unter Gastropub zu verstehen hat, lehrt **The Market Tavern** ❸ (15, rue Rode, T 05 56 44 09 58, https://themarkettavernbordeaux.com, Mo–Mi 12–14, 19–2, Do–Sa 12–14.30, 19–22.30, So 12–15, 19–22 Uhr, Tagesgericht 11 €) auf britische Art per *Scotch egg, pie, Cheddar* und *mash*.

Cityplan D/E 7–9 | **Tram B: Chartrons**

Flotte Manöver – **Hangars und Hipster**

Sie war emsig, die Organisation Todt. Zwischen September 1941 und Oktober 1942 baute die paramilitärische Truppe der Nazis im Norden von Chartrons einen U-Boot-Bunker. Er überstand später die alliierten Luftangriffe und warf nach dem Krieg die Frage auf: Was tun mit so einem Klotz? Bordeaux wäre nicht Bordeaux, wenn die Stadt keine überzeugende Antwort gefunden hätte. Aber die Stadt würde auch dann ihrem Ruf nicht gerecht, wenn ringsum gähnende Leere herrschte.

Mit Todesverachtung blicken die deutschen U-Boot-Besatzungen aus diesem Bunker in die Welt, die sie erobern sollten. Bordeaux nutzt das finstere Terrain nun für Kulturevents.

Die **Base Sous-Marine** 1 der deutschen Besatzer war absolut nicht das Pionierwerk in diesem Bereich der Stadt – noch weniger seine Krönung. Ganz im Stil der Römer, die ihren Hafen von der Garonne aus als Einschnitt ins Land gebaut hatten, war schon 1879 ein erstes, 1912 ein zweites *bassin à flot* für Frachtschiffe und Sportboote angelegt worden. Trockendocks, Werkstätten, Industrieanlagen, Speichergebäude und dann auch Arbeiterwohnungen kamen hinzu. Doch als in den 1980er-Jahren der Hafen flussabwärts verlagert wurde, verödete das Areal.

Was ist mit Wasser?

Stadtplanung, Stadtentwicklung – es kann einem schwindelig werden, wenn man den Elan von Bordeaux mit deutschen Kommunen vergleicht, die solche Dinge nach dem Gutdünken von Investoren mit sich und den Bürgern geschehen lassen. In Bordeaux hatte die Umnutzung der Hafenbecken 1989 damit begonnen, den erdrückenden grauen Riesen, die einstige U-Boot-Station, für Ausstellungen, Theateraufführungen, Tanz und Konzerte zu öffnen – einen besonderen, bisweilen von Mystik und scheinbarem Spuk behafteten Ort. Aber die Bassins vor der Einfahrt bildeten eher eine Hürde, die das Viertel **Bacalan** vom südlich gelegenen Chartrons abschnitt. Touristen verirrten sich dorthin nicht. Ein üppig bepflanzter Verbindungsweg, das wurde bei Bürgeranhörungen deutlich, sollte Abhilfe schaffen. Außerdem wurde erkannt und für die Planung notiert: »So eine Wasserfläche mitten in der Stadt ist eine Rarität. Man muss davon profitieren, sie muss leben.«

Einen Blick aus dem Fenster des Schleusenwärters auf die Bassins à flot wirft heute nur noch ein gemalter Kopf.

Keine Aufgabe für Hasenfüße, sind die Becken doch sogar etwas größer als die Esplanade des Quinconces, ganz zu schweigen vom riesigen und ehemals verwahrlosten Umfeld der Bassins. Wohnhäuser, Geschäfte, Dienstleister, Büros und öffentliche Einrichtungen gedeihen nun. Als besondere Attraktion für Fotografen und Liebhaber alter Industriearchitektur locken an den Bassins Silos, die Muster von Schienen und Kopfsteinpflaster, restaurierte Kräne und auf dem Wasser betagte Lastkähne. Dem Einkauf und Austausch traditionellen Stils dient seit 2017 der Markt **Les Halles de Bacalan** 🛍. Unter dem Tempo der Umgestaltung leidet die alternative Szene. Bars, Flohmärkte, Veranstaltungsräume oder Werkstätten von temporärem Charakter bestehen, bis Bagger anrücken, um Platz für langlebigere Gebäude zu schaffen.

#10 Hangars und Hipster

Bus und Flipper finden nur dort zur Eintracht, wo sie nicht mehr ihrer ursprünglichen Bestimmung dienen: auf dem Trödelmarkt.

Brücken bauen

Zuerst keine, dann nur eine Brücke. Dass der Wechsel zwischen Ost und West Mühe bereitete, bremste die Entwicklung am rechten Flussufer. Der 2013 eröffnete **Pont Jacques Chaban-Delmas** schuf Abhilfe und hat den Privatverkehr in der City gedrosselt. Weiter nördlich ermöglicht die Autobahnbrücke **Pont d'Aquitaine** eine schnellere Stadtumgehung. An ihrer östlichen Zufahrt bewahrt die Gemeinde **Lormont** ein wenig Vorkriegscharakter und besitzt mit dem heutigen Restaurant Le Prince Noir (leprincenoir-restaurant.fr) sogar eine Adresse im Schlösschen mit mittelalterlichen Wurzeln.

Schrauber, Turner, Künstler

Nun verfolgen die Planer nicht das Ziel, die Vergangenheit gänzlich zu überrollen und Uniformität zu etablieren. So existiert an der Westseite der U-Boot-Station eine **École de Cirque** 2 mit Übungsgelände unter freiem Himmel, wo man als Zaungast Zirkusleuten am Trapez zuschauen kann. Südöstlich des Bunkers haben sich in einem ehemaligen Hangar Mechaniker genossenschaftlich zur **Garage Moderne** 3 zusammengeschlossen, um dort in einer sehenswerten Werkstatt Autos und Fahrräder zu reparieren. Visiten sind für Kunden möglich (vielleicht einfach mal das

Hangars und Hipster #10

Auto verrecken lassen?), ansonsten bei kulturellen Abendveranstaltungen in der urigen Kantine. Um die Ecke bleibt als Ergänzung **Vivres de l'Art** 4, ein ehemaliger Schlachthof, der als Rest eines Marinedepots aus dem späten 18. Jh. verblieben war. Innen- und Außenbereiche geben Raum für Ateliers, Konzerte, Ausstellungen und Brunch. Auf ein Bier zieht man in die angrenzende Brauerei **Jardin PIP** – *jardin* deshalb, weil es dort auch eine Gärtnerei gibt, in der Besucher ihr eigenes Gemüse ziehen dürfen. Die auffallenden Graffiti in Bacalan gehen ebenfalls aus dem Dunstkreis der dort engagierten Künstler hervor.

INFOS/ÖFFNUNGSZEITEN

Maison du Projet des Bassins à flot: Hangar G2, Mi, Sa 14–18 Uhr, www.bassins-a-flot.fr
Base Sous-Marine 1: nur während Ausstellungen Di–So 13.30–19 Uhr geöffnet, www.bordeaux-tourisme.com
École de Cirque 2: 286, boulevard Alfred-Daney, www.ecolecirquebordeaux.com
Garage moderne 3: 1, rue des Étrangers, T 05 56 50 91 33, www.legaragemoderne.org, Mo–Fr 9–12, 14–18 Uhr
Vivres de l'Art 4: 4, rue Achard, http://lesvivresdelart.org, Mo–Fr 10–12.30, 14–18 Uhr; Jardin PIP: www.pipbiere.com
Matmut Atlantique 6: Cours Ladoumègue; FC Girondins: www.girondins.com
Parc des Expositions/Palais de Congrès 8: www.bordeaux-events.com

---

KULINARISCHES FÜR ZWISCHENDRIN

In den **Halles de Bacalan** kann man sich mit frischer Ware für den Herd und Snacks eindecken. Kultstatus hat dort die Chocolaterie der preisgekrönten **Hasnaâ Ferreira** (10, esplanade de Pontac, https://biltoki.com/halles bacalan, Di/Mi 8–14.30, 16.30–20.30, Do 8–14.30, 16.30–22.30, Fr/Sa 8–22.30, So 8–17 Uhr). Garten und einfache Mittagskost verbinden sich in der **Bar de la Marine** 1 (28, rue Achard, auf Facebook, Mo–Fr mittags, Saison auch Do–Sa abends, Menü um 12 €). Letzter Halt wäre dann Futtern wie auf alten Kuttern: **I.Boat** (www.iboat.eu) und **La Dame Food & Club** (www.ladamebordeaux.com) sind Kähne, die auf dem Bassin dümpeln und auf Kundschaft warten – partywillige ebenso wie hungrige.

Cityplan D–H 1–6, Karte 3 | **Tram** Bacalan: Tram B La Cité du Vin und Rue Achard; Lac: Tram C Parc des Expositions

#10 Hangars und Hipster

Noch mehr See in Lac

Bacalan mit den *bassins à flot* ist nur einer der Außenbezirke, die sich neu definieren – derzeit wohl der aktivste und mit Cité du Vin (▸ S. 59) und dem Musée Mer Marine (▸ S. 78) auch attraktivste. Da das historische Zentrum Bordeaux' unter Denkmalschutz steht, verbieten sich dort moderne Hochhäuser, hat die Bevölkerungsdichte das Maximum erreicht. Zugleich steigt die Beliebtheit und damit der Wunsch, in dieser Stadt zu leben. So bleibt nur die Ausdehnung in die Fläche und dort die Entwicklung von zeitgemäßem Wohnraum. Wir werden darauf zurückkommen (▸ S. 81), hier aber schon mal einen Blick auf das direkt angrenzende Quartier **Lac** werfen. Nach Trockenlegung von Sümpfen in den 60ern verblieb ein See *(lac)* mit Freizeitpotenzial. Segeln, Golf und Fahrradwege addieren sich zu Badestrand und Campingplatz. Neben dem größten innerstädtischen Waldgebiet befindet sich dort auch der **Parc Floral** [5] mit Rhododendren, Magnolien und knapp 500 Rosensorten.

Das sportaffine Umfeld war Anlass, zur EM 2016 auch das neue Stadion **Matmut Atlantique** [6] in Lac zu bauen. Als Heimat der Top-Fußballmannschaft FC Girondins hat es eine Kapazität von mehr als 42 000 Zuschauern. Mit seiner Lage an der Garonne, der Reduktion auf die pure Form, dem Spiel mit Gegensätzen und der Garantie für beste Sicht von allen Plätzen erfüllt es hohe Maßstäbe und taugt auch für Openair-Konzerte. Gleich nebenan befinden sich die Hallenradrennbahn **Vélodrome,** das Messegelände Parc des Expositions samt Kongresshalle **Palais de Congrès** und das lehrreiche Öko-Viertel **Ginko.**

> **→ UM DIE ECKE**
>
> Lac ist bereits die ideale Richtung, um mal Supermärkte der Superlative zu erkunden. **Aushopping** [2] heißt das mächtige Einkaufszentrum am Boulevard Aliénor d'Aquitaine, das von Bricolage (Baumarkt) bis Piscine (Poolbedarf), Hypermarché Auchan bis Lavage (Waschstraße) das Gesamtpaket großstädtischen Shoppings vereint. Eingeschlossen ist ein hauseigener Lieferservice für Online-Kunden.

B — BRIT-BRETT

Schon 1836 gönnte sich Bordeaux im westlichen Vorort Bouscat ein Hippodrome, wo heute auf über 230 Pferderennen jährlich gewettet wird – nicht gar so stylish wie in Ascot. Von den Inseln stammt auch die Begeisterung für Rugby. Die Mannschaft Union Bordeaux Bègles spielt im Art déco-Stadion Chaban-Delmas (Place Johnson), seitdem die Fußballer ins Matmut (s. rechts) umgezogen sind. Seit 2006 existieren auch die Lionnes, eine Rugbymannschaft der Damen, die mit ihren Matches ebenso wie mit erotischen Jahreskalendern punkten.

Trauben modern statt schal – **die Cité du Vin**

 # 11

Moment mal, sind wir auf dem Flughafen? Die Taschenkontrolle weckt den Verdacht ebenso wie der Ticketschalter, die Lounge, die Schleusen, Rolltreppen und Aufzüge. Dass dieses Gebäude an der Garonne abhebt, weiß man schon, wenn man es nur aus der Ferne als anreisender Autofahrer sieht und die Sinnfrage stellt: Welches Gut hat so einen Palast verdient?

Gute Köche werfen ihre Töchter voraus. Oder so. Da sitzt sie am Tisch, plaudert über Küche, Wein, ihre Michelin-Sterne: Hélène Darroze, weiblicher Spross einer Familie, die man an der Garonne keinem Gourmet vorstellen muss. Aber Hélène sitzt nur virtuell dort, wo man sich auch ins Gespräch mit ihren Kolleginnen und Kollegen vertiefen darf, um am Ende die Tafel mit dem Gefühl zu

Das perlt! Die neue Cité du Vin ist eine starke architektonische Geste, die sich durch ihre Form und gewagte Kurven auszeichnet.

#11 Cité du Vin

verlassen, nun ausgewiesener Kenner der Weinmaterie zu sein.

Ein gelungenes Unding

Das beschriebene Treiben in Bacalan (▶ S. 55) gilt als eines der größten Stadtentwicklungsprojekte Europas und die **Cité du Vin** 1 am Garonne-Ufer als weltweit erstes Hypermuseum zur Weinkultur. Alle Unken, die über Barrique-Plörre schimpfen und durch Discounter-Fusel auf Bordeaux starren, gehören belehrt, dass nicht einmal italienische Städte es geschafft haben, ihren Namen zum Synonym für Wein zu erheben. Will man aber das von Römerbeinen an tradierte Kulturgut in eine Ausstellung pressen, besteht die Gefahr einer musealen Tiefkühlung. Die Cité schafft den Spagat, nicht zuletzt dadurch, dass unter dem ultramodernen Dach Verkauf, Wissenschaft, Lehre und Präsentation vereint sind und interaktive Aufbereitung jeden Besuch zum kurzweiligen Erlebnis macht.

Mit 13 350 m² auf zehn Etagen ist die zur EM 2016 fertiggestellte Cité ein Städtchen für sich. Steht der Besucher im großzügigen Erdgeschoss noch fragend vor der offenkundigen Fülle, so befördert ihn der Spieltrieb doch unweigerlich von Raum zu Raum, Etage zu Etage, um die 20 Themenbereiche bis in die Spitzen zu durchleuchten. Ein intelligent gemachter Audioguide in mehreren Sprachen vertieft die Erkenntnisse, es existiert sogar eine Version eigens für Kinder.

Baukunst, Weinkunst, Schaukunst

Das Guggenheim in Bilbao und das Opernhaus in Sydney wurden schon als Vergleiche bemüht. Die Cité kann sich in der Tat messen, auch wenn es nicht um eine Hochkultur im klassischen Sinn geht. Die Beschreibung als Freizeitpark, die man ebenfalls liest, geht aber auch nicht ganz an der Sache vorbei. Einen Strudel Wein, der sich in ein Glas ergießt – etwas in der Art bildeten die Architekten Anouk Legendre und Nicolas Desmazières bei der Außenhülle nach. Sie kleideten dazu die Fassade in 2500 Aluminiumplatten, die alle Wetter und Lichter der Stadt spiegeln. Die Raumaufteilung unter der verspielten Haut besitzt dann aber ihre Logik. Im Erdgeschoss sind außer Kassen und Versorgungseinrichtungen

Die Arbeiten an der Cité du Vin dauerten von Januar 2014 bis Mai 2016, die Baukosten betrugen 81 Mio. Euro. Man erwartet 450 000 Besucher jährlich. Der Eintrittspreis ist im CityPass enthalten, fürs Erdgeschoss benötigt man kein Ticket. Im dortigen Shop lagern 12 000 Flaschen.

Cité du Vin #11

auch regalweise Flaschen mit Weinen der Welt zum Verkauf sortiert. Höher hinauf im Gebäude folgen Auditorien und Räume für Lehrveranstaltungen. Das zweite Stockwerk gehört der interaktiven, taktilen, olfatorischen, audio-visuellen Vermittlung von Weinwissen. **À Bord** heißt beispielsweise die achte Station, bei der man vor einer 180-Grad-Leinwand im Schiffsrumpf Weinhändler in ferne Länder begleitet. **Boire et déboires** beschäftigt sich mit Genuss und Tücken des Weinkonsums. Und dann sitzt man eben auch **Tête à tête** mit den Experten.

Letzte Zuflucht 8. Etage: In 35 m Höhe wartet eine Probierstube mit einem Gläschen, das im Preis inbegriffen ist. Dann tritt man hinaus auf die Aussichtsplattform, um über Garonne und Bordeaux hinweg bis hin zu den Weinfeldern zu blicken und noch einmal den Zusammenhang zwischen Winzerkunst, Handel und Wohlstand zu inhalieren. Eine Etage tiefer befindet sich das Panoramarestaurant **Le 7** ❶, aber wer nicht gerade Appetit auf 30 g Stör-Kaviar zu 100 € hat, begnügt sich vielleicht doch lieber mit dem Angebot im Erdgeschoss.

INFOS/ÖFFNUNGSZEITEN

La Cité du Vin ❶: 1, esplanade de Pontac, www.laciteduvin.com, April–Aug. tgl. 10–19, Sept.–Dez. Mo–Fr 10–18, Sa/So 10–19, Jan.–März Do–Di 10–18 Uhr, 20 €

Infoschalter von **Bordeaux Wine Trip** im Erdgeschoss: u.a. Buchung von Weintouren in der Region, T 05 47 50 12 48, www.bordeauxwinetrip.fr

KULINARISCHES FÜR ZWISCHENDRIN

Im Erdgeschoss warten Weinbar-Brasserie und Snack-Café **Latitude 20** ❷ (Brasserie Mo–Sa 12–19.30, So 12–19 Uhr, Tagesgericht 15 €; Café Mo–Fr 10–18, Sa/So 10–19 Uhr) mit Kleinigkeiten, aber auch lokalen Spezialitäten wie Neunauge und Bazas-Rind.

Cityplan H 6 | **Tram** B: La Cité du Vin; Ponton de la Cité du Vin für die Anfahrt mit dem Boot

Bordeaux gegenüber – **eine Zukunft für La Bastide**

 # 12

Das Ding ist: Man darf es nicht zugeben. Und zwar was? Nun ja, dass es sich bei Darwin so ungefähr um die krasseste Sache handelt, in die man bis Sankt Nimmerlein zu stolpern glaubt. Denn für Einheimische ist sie schon wieder Schnee von gestern. Um was es sich handelt, werden wir sehen. Nur sollte man zumindest in Bordeaux auch nicht zugeben, im Leben noch nie was von Darwin gehört zu haben.

Auftakt für das Arbeiter- und Industrieviertel waren der Bau von Garonne-Brücke 1822 und Gare d'Orléans 1856, die von Osten her den Zugang zur Stadt öffneten. Nur hatte sich der Kopfbahnhof nach 100 Jahren erledigt, war es doch inzwischen bequemer, gleich zur jüngeren Gare St-Jean am linken Flussufer zu fahren. Und damit sackte La Bastide in sich zusammen.

Blauer Rücken kann entzücken: »Le Lion«, der Löwe von Künstlerhand, ist seit 2005 Maskottchen auf der Place Stalingrad in La Bastide.

Das Individuum joggt zurück

Place Stalingrad heißt seit 1946 das riesige Karree am östlichen Ende des Pont de Pierre, es ist die Hommage an den Sieg Stalins über Hitler. Mit dieser Irritation steht man auf dem viel zu groß geratenen Platz, sieht Tram und Busse nahen, verwirft die Idee, in einem der überwiegend trostlosen Cafés Platz zu nehmen, schaut Tram und Bussen hinterher, wie sie über die viel zu breite Avenue Thiers Richtung Horizont entschwinden. Die ehemals erdrückende Blechlawine auf diesem Boulevard hat sich aufgelöst, nachdem 2017 der Pont de Pierre für Privatfahrzeuge gesperrt wurde. Das, so glauben die Geschäftsleute, werde La Bastide den Todesstoß versetzen. Schwarzseher, die getrost umdenken und ihre Läden modernisieren könnten. Denn Kunden gibt es in dem aufsteigenden Wohnquartier ebenso wie Reisende, die für preiswerte Hotelbetten in solcher City-Nähe dankbar wären.

Xavier Veilhan heißt der Pariser Künstler, der 2005 das babyblaue Wahrzeichen **Le Lion** auf die Place Stalingrad setzte. 8 m lang, 6 m hoch ist dieser kantige Löwe, der schon zu zahllosen Facebook-Fotos reizte und zugleich frisch aus Disneyland stammen könnte. Wer bei dem Vieh innehält, sieht andere flitzen: Kopfhörer auf den Ohren, Smartphone mit Lauf-App am Oberarm, atmungsaktive Klebehose über strammen Pobacken. Der Strom dieser Lauf-Frettchen will nicht abreißen, seitdem mit Fertigstellung des Pont Chaban-Delmas die ideale Runde für Jogger geschaffen ist. Linkes Ufer hin, rechtes her oder umgekehrt – 7 km. Zwischen die Läufer fädeln sich Radfahrer, ein Gewusel der blanken Aktivlust.

Den Kulturbraten gerochen

Der alte Bahnhof Gare d'Orléans steht noch, nur fahren keine Züge mehr ein. Vielmehr umschließen die Mauern das Multiplex-Kino **Mégarama**, dessen Publikum nach den Vorführungen auch gerne mal vor dem Haus sitzt. Denn an der Südseite bieten Restaurant-Terrassen zwar kein kulinarisches, aber ein Seh-Erlebnis: den freien Blick über die Garonne hinweg auf die Altstadt. Ein winziger Hang zur Melancholie genügt, um Tränen zu vergießen über solche Schönheit. Das gelingt prächtig auf dem Balkon im Ober-

---

MITTEL ALT

Bastiden gibt es reichlich in der Region. Es sind planmäßig angelegte Siedlungen, mit denen Franzosen und Engländer im Hundertjährigen Krieg ihr Terrain absteckten. Die Bastide an Bordeaux' rechtem Flussufer ist dagegen ein Spätentwickler nach historischem Muster.

Die alte Kaserne Niel beherbergt heute das Kreativdorf Darwin. Nicht verplante Flächen dienen dort als Parkplatz, verbliebene Mauerreste als Träger für wechselnde Graffiti.

geschoss des Restaurants **Au Siman** ❶, wo sich auch ermessen lässt, welche Hürde dieser Fluss einst gewesen sein muss. Bevor die Brücke stand, konnte man die 500 m breite Garonne nur mit dem Boot queren – was man tat, um am rechten Ufer das Weite im Weinbaugebiet zu suchen. Die Fährleute lebten aber auch davon, Ware von und zu den Frachtschiffen zu bringen, denn der alte Port de la Lune, der Mondhafen, wie man wegen der Sichelform sagte, erhielt erst mit Befestigung der Flussufer die Möglichkeit zum Anlanden. Längst ist der Hafen verschwunden, nur zaghaft regt sich neue Flussromantik: ein Ausflugsschiff, ein Fährterminal, ein Restaurant auf Stelzen. Dieses **Estacade** ❷ hat es sehr auf Angestellte und teils prominente Besucher der nahen Zeitungsredaktion Sud-Ouest abgesehen.

Von schlechter Wohnlage im Industriegebiet kann da immer weniger die Rede sein, insbesondere der Bereich um den **Jardin Botanique** ❷ zieht Mieter und Käufer an. Auf 4 ha breitet der 1997 angelegte Park an der Esplanade Linné die Flora Aquitaniens aus, sein Herz ist ein Wassergarten und dort das Musik-Bistro **Le Caillou** ❷. Was dann auch zu jener eingangs erwähnten Sache überleitet: **Darwin** ❸, Hotspot in der ehemaligen Kaserne Niel. Das Prinzip kennt man, es ist der wiedergefundene Lost Place mit bröckelnden Fabrikmauern als Kulisse für kulturelles Treiben, in diesem Fall für ein Kreativdorf. Der Name Darwin verweise auf Transformation, meinen die Erfinder, die den Ort 2012 eröffneten. Indoor geht dort nahtlos in outdoor über, ein riesiger Bio-Supermarkt hält Designer-Flair gegen Street Art auf den Wänden von Ruinen, die Kneipe hat Sofas unter löchrige

La Bastide #12

Dächer gestellt, der Coworking Space verträgt sich mit Skatehalle und Festivalbühne.

Weiter basteln

Noch bastelt die Stadt daran, La Bastide ganz per Tram zu erschließen und damit die ÖPNV-Runde über den Pont Chaban-Delmas zurück in die City zu komplettieren. Vorerst bleibt die Denkrichtung ab Pont de Pierre stadtauswärts orientiert. Zum Abschied grüßt **Ste-Marie de La Bastide** 4 in der Avenue Thiers. Der bekannte Pariser Architekt und Denkmalpfleger Paul Abadie baute die Kirche 1865 im neo-klassizistischen Stil, dabei mit neo-gotischen Wasserspeiern und sehenswerter Holzdecke.

Ste-Marie de la Bastide

INFOS/ÖFFNUNGSZEITEN

Jardin Botanique 2: Ende März–Ende Okt. tgl. 8–20, sonst 8–18 Uhr, Eintritt frei, Gewächshäuser Di–So 11–18 Uhr, 4 €
Darwin 3: 87, quai des Queyries, http://darwin.camp, https://magasingeneral.camp, tgl. geöffnet
Mégarama ✶: 7, quai des Queyries, T 05 56 40 66 70, http://bordeaux.megarama.fr
Le Caillou ✶: Jardin Botanique, T 06 85 99 32 42, http://lecaillou-bordeaux.com, Mi–Sa ab 20.30 Uhr kostenlose Jazz-, Blues-, Swing- und Folklorekonzerte

KULINARISCHES FÜR ZWISCHENDRIN

Das anspruchsvollere Völkchen trifft sich gerne bei **Au Siman** 1 (7, quai des Queyries, T 05 56 67 49 90, www.siman-bordeaux.com, Restaurant Menü ab 35 €, So Brunch 29 €, Brasserie Tapas ab 6 €, tgl. 9–2 Uhr, Restaurant Sa mittags geschl.) oder im **Estacade** 2 (Quai de Queyries, T 05 57 54 02 50, www.estacade-restaurant.com, tgl. 12–14/14.30, 19.30–22.30 Uhr, Menü ab 36 €). Einen ehemaligen Hangar nutzt **Les Chantiers de la Garonne** 3 (21, quai des Queyries, T 05 47 79 84 70, https://leschantiersdelagaronne.camp, Mo–Mi 12–15, 18.30–23, Do–Sa 12–23.30, So 12 Uhr bis Sonnenuntergang, Büffett 19 €) für Restaurant und Bistro mit Blick auf das schönste Stück Bordeaux und Fängen aus dem Fluss. Imbiss und Musik am Flussufer in der kultigen Guinguette **Chez Alriq** 4 (20, quai Queyries, T 05 56 86 58 49, www.laguinguettechezalriq.com, Mai–Sept. Mi–Sa 19–1.30, So 12–20 Uhr, Juni–Aug. auch Mo, Snacks ab 3 €).

Cityplan H 6 | **Tram** A: Stalingrad, Ponton Yves Parlier Fähre ab Quinconces, Les Hangars

Pilz aus dem Boden – **ein Bahnhofsviertel schießt**

›Le Schmilblic‹ war eine Erotikbar am Quai de la Monnaie und sicherer Vorbote für ein Bahnhofsviertel, das sich alle Entgleisungen wert war. Der seltsame Begriff entstammt einem Radio-Ratespiel vom Typ »Ich sehe was, was du nicht siehst«. ›Schmilblic‹ ging in Frankreichs Sprachschatz über als Dingsbums. Aus der Bar in Bordeaux wurde ein Ladenlokal. Überhaupt: Das Bahnhofsviertel macht sich.

Begegnung der Welten im Bahnhofsmilieu

Bahnhofsviertel *#13*

Die Herren Bahningenieure dachten zweigleisig. Seit 1856 stand ein Bahnhof gleich vor den Toren der Stadt, nur eben auf der rechten Garonne-Seite in La Bastide. Für die Querung per Zug taugte die vorhandene Brücke nicht. Bauleiter Gustave Eiffel – genau der mit dem Pariser Turm – schlug 1858–60 die eiserne **Passerelle St-Jean** 1 über den Fluss. Sie verband zum einen zwei Bahngesellschaften und gestattete zum anderen den Zügen aus Paris einen direkten Zugang zur ›richtigen‹ Seite der Stadt. Die dortige **Gare St-Jean** 2 sollte siegen und entwickelte sich von einer Schmuddelstation zum Vorzeigebahnhof. Bei spannungsarmer Fassade besitzt die Gare St-Jean doch einen belebten Vorplatz samt Gastronomie, der gerade abends dichte Atmosphäre annimmt. Nachdem der Schnellzug TGV Paris–Bordeaux inzwischen noch schneller geworden ist, sieht man St-Jean als Nabel des Stadtentwicklungsprojekts Bordeaux Euratlantique.

Vom Markt zur Muse

Aber die frohe Botschaft vom aufgewerteten Bahnhofsviertel hat sich noch kaum verbreitet. Zugreisende erleben St-Jean und ein wenig Umfeld, andere kommen von der City her kaum über die Basilique St-Michel (▶ S. 21) hinaus. Dabei existieren Attraktionen, die einen durchaus kurzweiligen Spaziergang mindestens bis zum Bahnhof garantieren. Da wäre zunächst der **Marché des Capucins** 1, größter Lebensmittelmarkt der Stadt und entsprechend farbenfroh. Dichter an den Quais steht an der Place Pierre Renaudel die **Église Abbatiale Ste-Croix** 3, eine ehemalige Benediktinerabtei. Zwar wurde das Gebäude im 19. Jh. umgestaltet und ist im Innern nicht weiter von Belang, doch hat das Portal noch wertvollen Skulpturenschmuck aus dem 12. Jh. bewahrt, wie man ihn sonst in der Stadt nur im Museum findet.

Aufregeradresse für Kleingeister ist nebenan das **Théâtre National de Bordeaux en Aquitaine** 1 in einer früheren Zuckerraffinerie. Das Nationaltheater mischt in Klassisches und Modernes immer mehr Ultramodernes. Zum gefälligeren Programm mit Boulevardstücken im **Théâtre des Beaux-Arts** 2 sind es nur wenige Schritte.

Es gibt die Abfahrer in der Gare St-Jean. Auf der glücklicheren Seite sind aber allemal diejenigen, die dort ankommen und die Stadt noch vor sich haben.

13 Bahnhofsviertel

INFOS/ÖFFNUNGSZEITEN

Office de Tourisme: Nebenstelle am Bahnhof, Rue Charles Domercq, T 05 56 00 66 00, www.bordeaux-tourisme.com
Maison du Projet de Bordeaux Euratlantique: 74, rue Carle Vernet, T 05 57 14 44 80, www.bordeaux-euratlantique.fr/concertation/maison-du-projet
Gare St-Jean 2: www.gares-sncf.com/fr/gare/frboj/bordeaux-saint-jean
Château Pape-Clément 4: 216, avenue du Dr. Pénard, T 05 57 26 38 38, www.chateau-pape-clement.fr, Besuch tgl. n. V.
Les Bains 2: 2–14, rue Carnot, T 05 56 85 86 39, www.mairie-begles.fr/les-bains

Théâtre National de Bordeaux en Aquitaine 1: Place Renaudel, T 05 56 33 36 80, www.tnba.org
Théâtre des Beaux-Arts 2: 2, rue des Beaux-Arts, T 05 56 21 85 30, www.theatre-beauxarts.fr
Rock School Barbey 3: 18, cours Barbey, T 05 56 33 66 00, www.rockschool-barbey.com

KULINARISCHES FÜR ZWISCHENDRIN

Klar, man kann direkt im **Marché des Capucins** 1 zulangen (Place des Capucins, unter freiem Himmel tgl. 6–13 Uhr, überdacht Mo–Fr 6–13, Sa/So bis 14.30 Uhr), aber es locken abseits der Marktmeile noch ein paar Schätze. Einen Ruf ungewöhnlicher Art genießt die Bäckerei **Le Fournil des Capucins** 2 (62, cours de la Marne), weil sie – wörtlich – niemals schließt.
La Soupe au Caillou 1 (6, place du Maucaillou, T 05 56 78 07 74, http://lasoupeaucaillou.com, Mo–Sa 12–15 Uhr, Menü 18 €) ist die angesagte Veggie-Küche mit Takeaway.
Wer auf Atmo noch mehr Wert legt als auf Speise, entdeckt sein Mekka vielleicht beim Imbiss im Patio des **Palo Alto** 2 (5, quai de la Monnaie, T 09 82 37 15 50, auf Facebook, Mo–Sa 9–3 Uhr nachts, Kleinigkeiten ab 4 €).
Beratung in deutscher Sprache und einen Blick auf die Kirche Ste-Croix zeichnen das **Café du Théâtre** 3 aus (3, place Renaudel, T 05 57 95 77 20, www.le-cafe-du-theatre.fr, Mo–Fr 12–18 Uhr, Menü ab 20 €).

Cityplan G/H 13/14, Karte 3, C 3 | **Tram** C: Gare St-Jean und Gare de Bègles, Tram B: Pessac

Backstage

Eine Institution, wie es sie häufiger geben müsste, ist die **Rock School Barbey** 3, Ausbildungspflaster für angehende U-Musiker aller Couleur. Auch Frankreichs erste erfolgreiche Rapper-Gang IAM, die sich zumeist Marseille auf die Fahnen schreibt, erhielt ihre Schulung hier in Bordeaux.

Wer sich unbeleckt oder unbefugt fühlt, kann das Haus zu einem der Konzerte besuchen. Es gibt sie fast täglich in traumhafter Vielfalt.

Visionäres mit Doppelbad

Was Euratlantique für das Bahnhofsviertel bedeutet, kann am besten derjenige ermessen, der noch den alten Quai de Paludate und seine verfallenen Fassaden kennt. Aus den Spelunken des Hafenmilieus war dort eine hippe Nachtszene hervorgegangen, die sich mit Ideen überschlug. Geblieben ist vom prallen Leben fast nichts, denn das Entwicklungsprogramm reklamiert Platz für Wohnungen, Büros, Hotels und Geschäfte in aufpolierten alten, aber auch in immer mehr neuen Häusern. Ein schwerer Brocken dort, der durchaus grübeln lässt, ist das monströse Parkhaus am Flussufer.

Großes Einmaleins ist im Bahnhofsmilieu immer auch damit verbunden, Ratten und Insekten in die Schranken zu weisen. Das Gift dazu hat der Händler nebenan.

Was nun gar nicht in diese Atmosphäre zu passen scheint, aber Realität ist: Strandleben. Nicht an der Garonne, denn weiter südlich in Bègles mutiert die Uferstraße zur Autobahn. Vielmehr existiert an der Avenue Pierre Mendès France ein Badesee mit der bewachten **Bègles Plage** ❶. Für die Wintermonate bietet sich als stilvolle Ausweichadresse **Les Bains** ❷ an, die 1932 eingeweihte öffentliche Badeanstalt von Bègles.

> → UM DIE ECKE
>
> Wählt man vom Zentrum aus statt Tram C die Linie B nach Pessac, so wäre dort **Château Pape Clément** ❹ zu besuchen. Das Weingut, das im 14. Jh. Papst Clemens gehörte, produziert Weiße und Rote der Appellation Graves. Fasslager, Handarbeit und ein Pavillon aus Glas und Eisen von Gustave Eiffel garantieren kostbare Einblicke in die Winzertradition.
> Nicht weit davon steht die **Cité Frugès** ❺. Zuckerfabrikant Henri Frugès ließ die Satellitenstadt in den 1920er-Jahren als architektonischen Bruch mit dem klassizistischen Bordeaux vom weltbekannten Architekten Le Corbusier bauen. Die Cité war auf ganzer Linie unbeliebt, ihre 49 Häuser galten als schwer verkäuflich. Frugès selbst wohnte übrigens in einer Jugendstilvilla schräg gegenüber der Kirche St-Seurin (63, place des Martyrs de la Résistance, ▶ S. 50).

14

Ferien des Monsieur Rouge – **St-Émilion und sein Wein**

Ja oder nein? Wäre auf die Goldwaage zu legen. Einerseits ist St-Émilion ein zauberhaftes Dorf inmitten der Weinberge. Obendrein hat eine Felsenkirche wie die hiesige in Europa Seltenheitswert. Manche Cafés und Restaurants sind himmlisch, manche Weingüter und ihre Erzeugnisse sogar teuflisch. Die Kehrseite ist, dass man sich zu gewissen Zeiten auf die Füße tritt und einander die Sicht auf alles Göttliche nimmt.

Reife bekommt man nicht geschenkt. Das gilt auch für die Trauben in St-Émilion, die sich ihr Aroma unter sengender Sonne erschwitzen müssen.

Sie haben »Ja« gesagt? Dann sind Sie in jenem Bilderbuchdorf angelangt, das sich auf seinem Kalksteinhügel eitel im Licht eines UNESCO-Welterbe-Titels sonnt. Der Blick sollte sich nun schärfen und zumindest die Souvenirbüdchen und Imbissstuben ausblenden. Wer aufmerksam durch Bordeaux gestreift ist, muss auch jene farbigen Mandelplätzchen, die *macarons,* nicht ausgerechnet in St-Émilion probieren. Völlig aus dem Programm streichen sollte man sie allerdings auch nicht.

Emil der Grubenfreund

Skepsis bleibt ratsam, wenn aus dem Frühmittelalter eine konkrete Jahreszahl benannt wird, noch dazu bei einem Mann der hoffnungslos schwindelnden Kirchengeschichte. 767 soll ein Eremit namens Aemilianus in einem Kämmerchen gestorben sein, das er sich bei seiner Ankunft Jahre zuvor in den weichen Fels geschlagen hatte. Damit nahm ein Wunder seinen Lauf, denn die weltabgeschiedene Wohnstätte rückte zum Pilgerziel auf und verführte Benediktinermönche dazu, sich eigene Einsiedeleien ins Kalkgestein zu hämmern. Auf Dauer dürfte es mit der Einsamkeit nicht mehr weit her gewesen sein. Gar so penetrant wie heute war es sicher nicht. Immerhin aber fraßen die mönchischen Wühlmäuse im Schweiße ihres Angesichts Stollen in einer Gesamtlänge von 100 km ins Gestein. Der Aushub diente denen, die das Tageslicht vorzogen, als Baumaterial ihrer Häuser. Ein Dorf entstand über Eremitenlöchern, in denen heute gern Wein gelagert wird.

Angeblich war im 13. Jh. noch bekannt, wo Aemilianus sein Nest im Stein hatte, nämlich neben einer subterranen Quelle. Also bauten die Nachfahren dort an der heutigen Place du Marché die **Chapelle de la Trinité** 1. Bei einer Führung wird Touristen allen Ernstes gezeigt, wo und wie der Eremit sein Tagwerk verrichtete und dann auch zur letzten Ruhe gebettet wurde. Das kann man glauben, sollte es aber lieber sein lassen und sich damit begnügen, dass die Katakomben als Grabstätten genutzt wurden. Durch eine Deckenluke seilte man die Leichen in die Tiefe hinab. An diesem mystischen Ort hatten Benediktiner schon ab dem 9. Jh. eine dreischiffige **Église Monolithe** 2 in den Fels getrieben, im 14. Jh. dann ein gotisches Portal vorgesetzt und im 15. Jh. einen Glockenturm (Ausblick) ergänzt. Ein vergleichbares Werk ist noch einmal aus dem 60 km nördlich gelegenen Aubeterre-sur-Dronne bekannt, an-

In Pulver- und Pastenform werden die Lebensmittelfarben geliefert, mit denen man Macarons ihr buntes Aussehen verleiht. Zur jeweiligen Farbe wird ein künstliches Aroma gewählt, das passend erscheint.

Am zweiten Samstag im Mai kullert alles im Nachbardorf **Lussac.** ›Roule la Barrique‹ nennt sich der kuriose Spaß, bei dem Weinfässer um die Wette gerollt werden. www.rouleursdebarriques.fr

#14 St-Émilion

St-Émilions Stadttor wurde einst nachts mit einer Kette versperrt. Der freie Durchgang ist Errungenschaft der Neuzeit.

sonsten aber selten in Europa. Es beeindruckt die Raumgröße (38 m lang, 20 m breit, 11 m hoch), nur leider wurden Reliefs und Felsmalereien zu einem großen Teil während der Revolution zerstört.

Rat in roten Roben

Der mittelalterliche Pilgerbetrieb als Wirtschaftsfaktor schrie geradezu danach, so eine Stätte noch intensiver zu nutzen. Über eine steile Gasse mit rutschigem Pflaster schlittern die Besucher hinauf in die Oberstadt, wo auf Höhe des Glockenturms die ursprünglich romanische **Église Collegiale** 3 steht. Vom angrenzenden Benediktinerkloster blieben Kreuzgang, Schlafsaal und Refektorium, heute teils vom Office de Tourisme genutzt. Viele der dort gestellten Fragen betreffen nicht das kirchliche Erbe, sondern den Weinbau, denn St-Émilions Rote zählen dank Kalkböden und Winzerkunst zu Frankreichs Top-Erzeugnissen. Seit Kriegsende widmet sich das einstige Stadtparlament, die *jurade,* ganz der Benotung hiesiger Weine und eröffnet von der mittelalterlichen **Tour du Roy** 4 aus am dritten Septemberwochenende die Lese. Noch einmal wehen die roten Roben der *jurats* dort auf dem Turm, wenn die Weinbrüder im Juni verkünden, welche Tropfen des Vorjahres ihre Favoriten sind.

Tour du Roy

Ein Außenseiter, der Schaumwein Clos des Cordeliers, fließt im einstigen Franziskanerkloster, dem **Cloître des Cordeliers** 5 aus dem 14. Jh.

St-Émilion #14

Nach Verkostung folgt der Abstieg über die Rue de la Porte Brunet, an der die **Porte de la Cadène** 6 Ober- und Unterstadt voneinander trennt, einst sogar per Kette *(cadène)*. Der weitere Rundgang durchs Dorf ist zielloser Bummel mit der steten Gefahr, in eine Touristenfalle der Gastronomen und Souvenirhändler zu stolpern. Höchste Vorsicht ist geboten gerade am beliebten Platz vor der Monolithkirche geboten, nur gilt immer noch der Satz lateinisch geschulter Phrasendrescher: *mundus vult decipi*, die Welt will ja betrogen werden. Wer das nicht möchte, sucht seinen Mittagstisch in den Außenbereichen oder besser noch in Nachbardörfern. Die Fahrt dorthin ist auch die beste Gelegenheit, eines oder mehrere Weingüter zu besuchen. Die Voranmeldung regelt man am besten im Ort bei der **Maison du Vin** 7.

INFOS/ÖFFNUNGSZEITEN

Anreise: Mit dem Zug ab Bordeaux St-Jean knapp 40 Min.; vom Bahnhof St-Émilion zu Fuß ins Dorf (30 Min.). Bus Linie 302 ab Bordeaux Quinconces nach Libourne, Anschluss Linie 315, ca. 70 Min.

Office de Tourisme: Place des Créneaux, 33330 St-Émilion, T 05 57 55 28 28, www.saint-emilion-tourisme.com; tgl. 10.30 Uhr Führungen durch die unterirdischen Denkmäler, 9 €

Maison du Vin St-Émilion 6: Place Meyrat, T 05 57 55 50 55, www.vins-saint-emilion.com

---

KULINARISCHES FÜR ZWISCHENDRIN

Ungekünsteltes vom Käse-Omelett bis zum Lachsfilet gibt es im **Le Médiéval** 1 (Place de la Porte Bouqueyre, T 05 57 24 72 37, www.restaurantlemedieval-stemilion.com, tgl. ab 7.30 Uhr durchgehend geöffnet, Menü ab 21 €), das seit Jahrzehnten seine Randlage beim südlichen Parkplatz verteidigt. Den schönsten Blick hat man von der Terrasse nicht, dafür mehr Ruhe vor Reisegruppen und moderate Preise.

Am anderen Ende des Dorfes und kulinarisch am anderen Ende der Welt ist das **Café Saigon** 2 (21, rue Guadet, T 09 53 00 00 19, https://cafe-saigon.business.site, tgl. mittags und abends, Menü ab 16 €) angesiedelt. Da klingt schon durch: vietnamesische Küche. Völlig in Ordnung, denn wer Lokales genießen möchte, macht die besseren Erfahrungen ohnehin in Bordeaux. Für Eilige serviert das Saigon auch ein exotisch belegtes Sandwich.

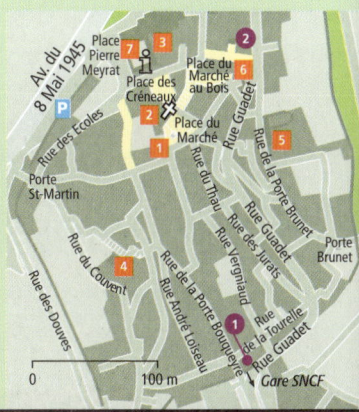

Cityplan Karte 3, östlich D 2

15

Austern, Sand und Vögel – **Arcachon und die Düne**

Gute Güte, das Meer. Aber wieder einmal besteht das Seestück nicht einfach aus Strand und Wasser, sondern ist auf atlantische Weise anders. Bei Arcachon zwicken die Fluten ein Loch ins Land, hinter dem sich ein gewaltiger Teich auftut, das Bassin. Der Wasserwirbel am Zufluss drückt Sandmassen empor und türmt sie zu Europas höchster Düne auf. Im 19. Jh. dämmerte Geschäftsleuten, dass sich mit dieser prächtigen Natur auch prächtig Geld verdienen lässt.

Austern, Eis und Zitrone bilden eine kulinarische Trias, der sich nur wenige Franzosen, dafür viele Touristen verschließen.

Émile und Isaac Péreire waren Bankiers, und sie waren pfiffig. Sie sahen Erholungssuchende aus Bordeaux mit dem Zug westwärts bis zur Endstation La Teste reisen und dort im unaufgeregten

Arcachon #15

Teil des Bassins planschen. Da das Meer ein Stück westlich davon die größeren Verlockungen versprach, kauften die Brüder Land zur Bebauung und setzten Kaiser Napoleon III. einen Floh ins Ohr: Er müsse unbedingt ihren neu geschaffenen Kurort Arcachon unter seine majestätische Lupe nehmen. Das geschah 1863. Mit Folgen: Vom Adel bis zur Bohème war plötzlich alles Feuer und Flamme für das Seebad. Toulouse-Lautrec, Debussy, Sartre reisten an, keiner von ihnen freilich mit dem Wunsch, die Haut zu bräunen. Vielmehr ging es um des Leibes und besonders der Lunge Wohl.

Stadtplan wie bei Vivaldi

Arcachon wurde zur Stadt der vier Jahreszeiten und nennt auch seine Quartiere so: Printemps, Été, Automne, Hiver. Letztere, die ›Winterstadt‹ auf einem Dünenkamm, entstand bald nach des Kaisers Besuch im Auftrag der besseren Gesellschaft und besitzt Prachtbauten der Belle-Époque. Noch heute wechselt man auf dem Weg vom Strandrummel hinauf zum Hügel in eine gänzlich andere, gediegenere Welt. Das begehbare eiserne **Observatoire Ste-Cécile** 1 von 1863 gibt täglich von 9 bis 19 Uhr Gelegenheit, die Winterstadt von oben zu betrachten. Das ist handfestere Kost als die Geschichte von der Madonnenfigur in der **Basilique Notre-Dame** 2 (Mitte 19. Jh.), die angeblich ein Franziskanermönch an der Plage Péreire fand. Dieser Strandabschnitt im Westen Arcachons gehört zur ›Frühlingsstadt‹ mit nicht gar so überlaufenen Badebuchten.

Doch wie es so ist, es lockt eher der Rummel in der ›Sommerstadt‹ zwischen Bahnhof und Strandpromenade, wo Geschäfte und Gastronomie billiger, aber nicht preiswerter sind. Viele wohnen dort in pressengen, charakterlosen Hotelzimmern und futtern überteuerte Standards. Das ahnte noch niemand zu Kaisers Zeiten, Napoleon logierte stilvoll im Château Deganne, aus dem 1903 das **Casino** 3 wurde. Weiter östlich liegt die ›Herbststadt‹, das Gebiet um den Fischerei- und Jachthafen. Dort angelandete Fänge kommen in die **Criée** 4. Wer bei dieser Fischauktion zuschauen möchte, muss mehr als nur einen Tag in Arcachon verbringen, denn die zweistündige Führung beginnt im Morgengrauen (s.u.).

Freiheit hoch über dem Meer zählt zu den großen Erlebnissen auf der Dune du Pilat, Europas mächtigster Wanderdüne.

#15 Arcachon

Feste, Probierstuben, Klärbecken und Holzhütten – vor allem der Nordabschnitt des Bassins zwischen Andernos und Cap Ferret trägt sämtliche Brandzeichen der Austernzucht. Mit jährlich 10 000 Tonnen ist Arcachon einer der sieben großen Lieferanten Frankreichs. Rund 1000 Betriebe am Bassin leben von der Zucht, ständig bedroht von Schädlingen und Krankheiten.

Dümpeln und dösen

Dann bietet sich noch an, was alle tun: von den Ablegern Jetée d'Eyrac oder Thiers zur Bootsfahrt auf dem Bassin aufbrechen. Zum opulenten Programm zählt die Passage nach Cap Ferret ebenso wie die Ganztagstour mit Verpflegung (www.bateliers-arcachon.com). Das stille Wasser des Bassins ist auf seine Art tief oder untief, denn bei Ebbe verbleiben zwischen den Sandbänken nur schmale Fahrrinnen, die man kennen muss, um dort sicher zu schippern. Ziel der Ausflugsboote ist u.a. die von Austernbänken umgebene **Île aux Oiseaux** 5. Während auch sie bei Flut untertaucht, ragen allemal die beiden berühmten Tchanque-Hütten aus dem Wasser. Diese Pfahlbauten dienten einst zur Entenjagd und heute als Sommerhäuser. Die **Banc d'Arguin** 6 neben der Öffnung des Bassins ist eine Sandbank mit ständig wechselndem Gesicht und weitaus größer als die Dune du Pilat gegenüber. 1972 wurde sie zum Vogelschutzgebiet erklärt.

Naturwunder links und rechts

Südlich stadtauswärts zieht sich der Boulevard de l'Océan durch den Badeort **Pyla-sur-Mer** 7 der **Dune du Pilat** 8 entgegen. Mit 3 km Länge und ca. 115 m Höhe ist sie Europas massivste Düne; sie wandert trotz rückwärtiger Kiefernbepflanzung landeinwärts. Bei 2 Mio. soll mittlerweile die jährliche Besucherzahl liegen, der Andrang ist längst nicht mehr auf die Sommermonate beschränkt. Über Treppen steigt die Phalanx vom Parkplatz hinauf. Die dort zu zahlende Gebühr ist der Eintrittspreis und der Spießrutenlauf entlang der Souvenir- und Imbissbuden ein weiterer Wermutstropfen. Doch die Schweißarbeit zahlt sich aus, denn der Blick vom Kamm und das sandige Naturerlebnis bleiben unschlagbar.

Im Osten liegt das Delta der Leyre, das seit 1970 als **Réserve Ornithologique du Teich** 9 dem Vogelschutz dient. Auf 120 ha nisten und rasten 260 Arten und bis zu 300 000 Individuen. Sommer und Winter besitzen deutlich weniger Anziehungskraft als die Zeit des Vogelzugs im Herbst und Frühjahr. Ein 6 km langes Netz behindertengerechter Spazierwege führt an 20 Beobachtungsstationen vorbei und vielleicht auch zu Begegnungen mit Kormoranen, Löffel- und Silberreihern. Allerdings braucht man schon das lange Rohr an der echten Kamera.

Arcachon #15

INFOS/ÖFFNUNGSZEITEN

Anreise: Mit der Bahn von Bordeaux-St Jean über Facture nach Arcachon ca. 50 Min., Bus Linie 1: Pyla, Linie 5: Bahnhof Facture

Offices de Tourisme

… in Arcachon: 21, avenue du Général de Gaulle, T 05 57 52 97 97, www.arcachon-tourisme.com; Führung Criée Mo, Do 6.30–8.15 Uhr, 6 €; zweistündige Führung durch die Ville d'Hiver in historischen Kostümen (Juli/Aug. So und Mo 10 Uhr, 6 €) oder ohne Verkleidung (April–Okt. Mi und Fr 10.30 Uhr, 5 €)

… in Le Teich: 1, place Pierre Dubernet, T 05 56 22 80 46, www.leteich-tourisme.com

… in Pyla-sur-Mer: Rond-point du Figuier, T 05 56 54 53 83, nur Juli/Aug.

Réserve Ornithologique du Teich ❾: Rue du Port, T 05 24 73 37 33, www.reserve-ornithologique-du-teich.com, Juli/Aug. tgl. 10–20, Mitte April–Ende Juni, Anfang–Mitte Sept. 10–19, sonst 10–18 Uhr, 8,90 €

KULINARISCHES FÜR ZWISCHENDRIN

Eine der Tantalusqualen: am Meer sein, aber nicht am Meer speisen. Zu den Adressen, die einem dieses Leiden ersparen, zählt die traumhaft an der Plage Péreire gelegene **Bar du Soleil** ❶ (Avenue des Goëlands, T 05 56 83 90 74, www.lebardusoleil.fr, tgl. 10–2 Uhr).

Erhält man dort vor allem Fisch und Meeresfrüchte, so ist im **Cap Péreire** ❷ nebenan, also auch am Strand, der kulinarische Bogen etwas weiter gespannt (1, avenue du Parc Péreire, T 05 56 83 24 01, www.restaurantcappereire.com, Di–So 12–14, Do–Sa 19–22 Uhr). Hafenflair herrscht am anderen Strandende im **Terrasses du Port** ❸, Bar und Restaurant mit riesiger Terrasse (Quai Goslar, T 05 56 83 08 41, www.lesterrassesduport.restaurant, Di–So 10–15, Fr/Sa 18–2 Uhr).

Tagesgericht in allen drei Lokalitäten ab 17 €.

Cityplan Karte 3, südwestlich A 4

Bordeaux' Museumslandschaft

EINTRITTSKARTEN *in eine andere Welt …*
Neben dem Musée d'Aquitaine (▶ S. 28)
gibt es in Bordeaux noch andere Museen,
hier einige meiner persönlichen Favoriten:
UND JETZT ENTSCHEIDEN SIE!

Musée des Beaux-Arts
Mi–Mo 11–18 Uhr
5 €, mit Sonderausstellung 7 €

○ JA ○ NEIN

Kriegsbeute und die Sammlung des geköpften Königs verteilte Napoleon auf 15 französische Kunstmuseen, darunter Bordeaux. Der Südteil zeigt diese Werke, im Nordtrakt sehen Sie Klassische Moderne.

📖 Karte 2, A 4, www.musba-bordeaux.fr

CAPC – Musée d'Art Contemporain
Di, Do–So 11–18, Mi 11–20 Uhr
5 €, mit Sonderausstellung 7 €

○ JA ○ NEIN

Das einstige Lager für Kolonialwaren, Entrepôt Lainé, ist seit 1990 Adresse des CAPC. Auf mehreren Etagen zeigt das Museum hochkarätige Wechselausstellungen zur zeitgenössischen Kunst.

📖 D/E 9, www.capc-bordeaux.fr

Musée Mer Marine
Mo, Mi–Fr 10–18, Sa/So 10–19 Uhr
9/6 €

○ JA ○ NEIN

Das Meer liegt zwar ein Stück entfernt, doch besitzt Bordeaux begründete Bindungen an Seefahrt und Fischerei. Dauerausstellung zum Thema, Wechselausstellungen befassen sich mit dem Leben unter Wasser.

📖 G 5, https://mmmbordeaux.com

Musée des Arts Décoratifs
Mi–Mo 11–18 Uhr
5 €

○ JA ○ NEIN

Ein Palais mit Originalmöbeln, Plastiken, Fayencen und Kunstschmiedearbeiten spiegelt die gehobene Wohnkultur im 18. Jh. Zeitgenössisches Inventar bietet dagegen das Museumscafé in seinem Patio auf.

📖 A 4, www.madd-bordeaux.fr

Bordeaux' Museumslandschaft

Musée National des Douanes
Di–So 10–18 Uhr
3 €

JA NEIN

In Toplage an der Place de la Bourse schmoren Uniformen und Kupferstiche unter einem Dach mit der Replik eines Zollbüros, Raubkunst und Handwerksartikeln aus Produkten bedrohter Tierarten.
📖 E 5, www.musee-douanes.fr

Musée d'Éthnographie
Mo–Do 14–18, Fr 10–12 Uhr
Eintritt frei

JA NEIN

Bordeaux' Universität unterhält ein Museum mit rund 6000 Exponaten aus aller Welt, die das Wirken der Stadt in Übersee und das dortige Kunstschaffen bis ins späte 19. Jh. dokumentieren.
📖 E 12, https://meb.u-bordeaux.fr

Musée des Compagnons du Tour de France
Mi–Fr 14–17.30,
Sa 10–17 Uhr
5 €

JA NEIN

Nicht mit Radrennen hat die Ausstellung zu tun, sondern mit den mittelalterlichen Handwerksgilden und deren Nachfahren, die auch immer noch durch Frankreich touren.
📖 F 13, http://compagnonsdutourdefrance.org

Musée de la Création Franche
März–Okt. tgl. 15–19, Nov.–Febr. tgl. 14–18 Uhr (nur während Ausstellungen)
Eintritt frei

JA NEIN

Art Brut, die Kunst von Autodidakten, oftmals Menschen mit geistiger Erkrankung oder Behinderung, ist Thema dieses Museums in Bègles.
📖 Karte 3, C 3, www.musee-creationfranche.com

Vieille Église St-Vincent
Di–So 14–19 Uhr (nur während Ausstellungen)
Eintritt frei

JA NEIN

In skurriler Weise von modernen Häusern umringt, steht die romanische Kirche in Mérignac. Plastik und vor allem Fotografie sind Themen der hier gezeigten Wechselausstellungen.
📖 Karte 3, B 2, www.merignac.com/services/sortir

Bordeaux' Museumslandschaft

Sie ist nicht so umfangreich und vielgestaltig, wie man es von einer Stadt dieser Größe und Bedeutung erwarten würde. Das Angebot erschöpft sich in etwa einem Dutzend Häusern (Überblick auf www.bordeaux.fr); einige davon wurden schon bei den Touren vorgestellt. Dafür regen sich sehr stark moderne Formen künstlerischen Ausdrucks und seiner Darbietung, häufig im öffentlichen Raum. Am ersten Juli-Wochenende etwa feiert man das **Week-end de l'Art Contemporain (WAC),** dessen künstlerische Rundgänge einer anderen Dimension der Stadterkundung dienen (https://bordeaux artcontemporain.com). Aktuelle Hinweise zu den vielen Standorten von Street Art findet man auf www.facebook.com/streetartbordeaux. Über das **Graffiti-Festival Shake Well** Mitte September informiert www.facebook.com/shakewellfest. Stützende Organisationen und Mäzene, teilweise mit eigenen Ausstellungsräumen, sind etwa **Zébra3** (www.zebra3.org), **FRAC Aquitaine** (https://frac-aquitaine.net) oder das **Institut Culturel Bernard Magrez** im sehenswerten Château Labottière aus dem 19. Jh. (www.institut-bernard-magrez.com).

HEREINSPAZIERT!

Um allen den Zugang zur Kultur zu ermöglichen, gibt es kostenlosen Eintritt zu den großen Museen jeweils am ersten Sonntag im Monat. Wer den **Bordeaux CityPass** gekauft hat (▶ S. 113), erhält auch an anderen Tagen freien Zugang zu den bedeutendsten Einrichtungen. Es existiert aber noch der **Pass Musées Bordeaux,** mit dem man ein Jahr lang unbegrenzt Dauer- und Wechselausstellungen aller städtischen Museen besuchen kann. Er kostet 25 € für eine, 37,50 € für zwei Personen. Der Pass ist in den beteiligten Museen erhältlich.

Manche Künstler haben die Lampen an. MADD lautet das Kürzel für ein Museum, das sich dem Angewandten widmet: das Musée des Arts Décoratifs et du Design.

Bedeutend Peripheres

Die Faszination von Bordeaux besteht zum Teil aus der Transformation: Ausstieg aus dem Ballast der Jahre und Jahrhunderte ohne Zerstörung dessen, was an Zuträglichem aus der Vergangenheit verblieben ist. Die Entscheidung für oder gegen Veränderung traf man unter Bürgerbeteiligung. Ergebnis ist die Vision ›Bordeaux 2030‹. Im und um den Stadtkern wurde vieles davon bereits Realität. Auch im Großraum Bordeaux gibt es eindrucksvoll Werdendes neben Bestehendem zu erleben.

Vom Traum der grünen Hänge
Parc des Coteaux Karte 3, C 2
La Bastide ist das, was Reisende von Existenz und Natur des rechten Garonne-Ufers durchaus noch wahrnehmen. Aber zum Gebiet von Bordeaux Métropole gehört darüber hinaus eine äußere Tangente. Von Süd nach Nord sind die Gemeinden Floirac, Cenon, Lormont und Bassens unter dem griffigen Namen Coteaux de Garonne vereint. Die Planer sehen sie als Lunge der dicht bebauten City, eine Art Central Park mit 400 ha Grünfläche, 25 km Spazierwegen und zehn Aussichtspunkten auf die Großstadt. Der Parc des Coteaux muss zwar noch reifen, ist aber beschlossene Sache. Allein der 25 ha große **Parc Palmer** in Cenon mit reichem Bestand an Blumen und Bäumen, mit einer imposanten Klippe, zwei Schlösschen und erbaulichen Panoramablicken auf die Garonne spricht Bände. Seit 2010 steht dort **Rocher de Palmer** als architektonisch anspruchsvoller Kongress- und Konzertsaal zur Verfügung (https://lerocherdepalmer.fr). In Lormont schließt der **Parc de l'Ermitage Ste-Catherine** an. Floirac, das sich trotz der **Domaine de la Burthe** schon ein wenig abseits fühlt, punktet Ende September mit der Nuit Verte de panOramas, Musik, Kunst und Geselligkeit auf dem Hügel – allerdings nur alle zwei Jahre (gerade Jahreszahl, http://panoramas.surlarive droite.fr).

Halbinsel der Häfen
Presqu'île d'Ambès Karte 3, C/D 1
Fast möchte man Leuchttürme aufstellen: Das Weinbaugebiet im Osten von Bordeaux wird Entre-Deux-Mers genannt, zwischen zwei Meeren, obwohl Dordogne und Garonne doch nur Flüsse sind. Im Norden der Stadt fließen beide zur Gironde zusammen, die Landspitze firmiert gar als *presqu'île*, Halbinsel. Aber es ist auch wirklich nicht leicht zu definieren, wo denn eigentlich die weiter und weiter werdende Trichtermündung der Gironde in den offenen Atlantik übergeht. Ambarès, St-Vincent-de-Paul, Ambès heißen die Siedlungen auf der *presqu'île*; sie werden vom Tourismus ignoriert, erfüllen Aufgaben als Hafen, sind eigenständig, werden aber von den Stadtentwicklern aus Bordeaux mit Ideen und Tatkraft versorgt. Kühe und Schafe, Pferde und Wildschweine geben bereits eine ländliche Note, Schwarzstörche und Graureiher künden von Wasser und dem Sumpf des Marais de Montferrand.
In **Bassens** stünde mit Sicherheit keine Kirche romanischen Ursprungs, wenn dort nicht die mittelalterlichen Jakobspilger auf dem Weg von Tours durchmarschiert wären. Alle Gemeinden präsentieren sich rührend im Internet, alle führen den Punkt *patrimoine* auf und benennen Splitter dessen, was fremdes Interesse wecken könnte.
Ambarès-et-Lagrave hat sein Wasch-

Bedeutend Peripheres

Ein Löwenpaar hat immer was: Diese steinernen Tiere wachen über Château Haut-Brion in Pessac.

haus und seine Markthalle, **Cubzac** den Weinbau, **St-Loubès** die Erinnerung an die Stummfilmlegende Max Linder, **St-Louis-de-Montferrand** das Wrack eines deutschen Kriegsschiffs und **St-Vincent-de-Paul** eine Brücke von Gustave Eiffel. Das ist Médoc *en miniature*, nur dass auf der kleinen Halbinsel die großen Namen des Weinbaus fehlen und mit ihnen jede Exaltiertheit einer Hautevolee.

Tor zum Médoc
Blanquefort und der Norden
Karte 3, B 1

Man kann sich kaum noch vorstellen, welcher Morast einst die Gegend um den Hafen Bordeaux beherrschte. Jeder Kampf dagegen schien aussichtslos, bis man von der Polderwirtschaft an der Nordsee lernte. Dass auf dem einst feuchten Schwamm dann ausgerechnet einige der weltweit teuersten Weine gedeihen sollten, ist fast Ironie des Schicksals. Denn gerade von Trauben heißt es, dass sie unter Wasserknappheit das bessere Aroma entwickeln. Man muss aber schon ein ordentliches Stück stadtauswärts über die legendäre **Route des Vins** (D 2) fahren, mindestens bis Macau, um zu den Top-Lagen des Médoc zu gelangen. An der Pforte wartet zunächst Verkehrschaos in **Blanquefort.** Das im Namen erscheinende Fort ist in dieser Gegend eine konkurrenzlose Burgruine des Mittelalters, denn außer dem hiesigen Bergrücken aus Molasse gab es nicht viel, was eine Festung getragen hätte – die erste schon in der Bronzezeit. Edward von Woodstock, der berüchtigte Schwarze Ritter, hatte dort später seinen Sitz und soll bis heute durchs Gemäuer spuken. Mit der Molasse ließ sich aber auch zaubern. Steinerne Kunstgebilde, irgendwas zwischen Grotte und Ruine, säumen einen See mit Fontänen in Blanqueforts **Parc de Majolan.**

Mehr als nur Flughafen
Zwischen Mérignac und Gradignan
Karte 3, B/C 2/3

Weiter geht es immer, auch in **Pessac,** wo wir schon kurz Halt gemacht haben für ein Weingut und eine Corbusier-Siedlung (▶ S. 69). Geld hat die Gemeinde kübelweise, denn dort werden Frankreichs Euromünzen geprägt. Das schafft Arbeitsplätze über den Weinbau hinaus, der allerdings eine längere Tradition hat: Pessac war laut Überlieferung das erste Anbaugebiet römischer Winzer. Rote und Weiße gibt es auch im hiesigen Zoo, nämlich Pandas und Tiger (3, rue de Transvaal, www.zoo-bordeaux-pessac.com). Darüber hinaus werden dort und in Nachbargemeinden einige Grünanlagen und Naturgebiete gefördert, um Naherholungsziele zu konservieren. Der Wald **Forêt du Bourgailh** in Pessac zählt ebenso dazu wie der romantische **Parc de Bourran** rings um ein Schloss in Mérignac (www.merignac.com/equipement/parc-de-bourran) oder der **Bois de Thouars** in Talence. Aber das schönste Erlebnis ist die **Rivière de l'Eau Bourde**, ein Zufluss der Garonne, der im Süden bei Gradignan auf 6 km Länge durch zehn Parks gluckert. Man kann dem Fluss zu Fuß oder per Fahrrad folgen und sieht am Weg alte Mühlen wie auch die **Prieuré de Cayac** aus der Zeit der Jakobspilger.

Le Schwips

Der Weinadel hat die Korken abgegeben. Deshalb besteht ein reges Interesse am Erlebnis außerhalb der Stadt beim Besuch eines Weinguts im Entre-Deux-Mers oder Médoc. Richtig so! Dennoch: Bordeaux besitzt neben der vielbesuchten Cité du Vin (▶ S. 59) auch so manch verschwiegene Winkel in und bei der Stadt, die Weinkunde einer besonderen Art vermitteln.

Süffige Landpartie
Routes du Vin de Bordeaux
Mit dem Bus oder stilvoller per Boot führen bestens organisierte Weintouren in die Anbaugebiete der Region: Entre-Deux-Mers, Graves und Sauternes, Médoc, St-Émilion–Pomerol–Fronsac, Blaye und Bourg. Bequemer kann es nicht sein, das Tor zu den Châteaux zu öffnen und sich vor Ort (auch in deutscher Sprache) all das beantworten zu lassen, was beim Laien an offenen Fragen im Raum steht. Ein Infoschalter in der Cité du Vin stellt die Touren vor, die dort auch zum Preis ab 42 € gebucht werden können.
134–150, quai de Bacalan (📕 H 6), T 05 47 50 12 48, www.bordeauxwinetrip.fr

Auge in Auge mit den Kennern
Planète Bordeaux
📕 Karte 3, östlich D 2
Bevor es die Cité du Vin gab, existierte Planète Bordeaux in der Gemeinde Beychac-et-Cailleau, didaktisch mit einem ähnlichen Anspruch und Konzept, nur erheblich kleiner und auf die Appellationen A.O.P. Bordeaux und Bordeaux Supérieur beschränkt. Die Besucherzahl ist mit dem Bau der Cité gesunken, aber Planète Bordeaux bietet ein deutliches Plus: Es gibt nicht nur die multimediale Aufbereitung, sondern auch die Information durch echte Menschen.
Route de Pasquina, 33750 Beychac-et-Caillau, 15 km östlich von La Bastide, T 05 57 97 19 20, Juni–Sept. Mo–Fr 9–19, Sa 10–19, Okt., April, Mai Mo–Fr 9.30–12.30, 14–18.30 Uhr, 5 €

Die Mutter aller Weinlager
Cave Millésima 📕 H 13
Millésime meint den Jahrgang, die 1840 gegründete Cave beim Bahnhof St-Jean gibt dazu den passgenauen Schlüssel. 2,5 Mio. Flaschen verschiedenster Jahrgänge reifen dort, bis sie sich für die Auslieferung eignen. Auch edelste alte Tropfen sind quasi trinkfertig zu haben. Eine kommentierte Verkostung und der Blick in einen der eindrucksvollsten Weinkeller der Welt gehören zum Programm.
87, quai de Paludate, T 05 57 80 88 47, http://event.millesima.fr, Mo–Fr 9–12.30, 14–17 Uhr, wg. Renovierung bis voraus. Ende 2019 geschl.

Guter Schluck zu später Stunde
Urban Wine Bar 📕 A 2
Über 150 Weine, ein Drittel davon aus der Region. Bei Martin Santander lernt man wirklich was und kann zu Tapas auch von all dem Guten kosten.
3, rue Lafaurie de Monbadon, T 05 56 48 80 40, www.the-wine-bar-bordeaux.fr, Mo–Sa 17–0, So 17–23.45 Uhr

Stadtrundtrink
The Wine Trail
Etwa 25 Weinbars in Bordeaux nehmen teil, am besten lässt man keine davon aus – nur testet man sie vielleicht nicht alle an einem Tag. Die Stationen samt Infos dazu gibt es als Download, das Smartphone führt auf 25 km langer Weintour durch die urigsten Kneipen der Stadt.
www.bordeaux-tourism.co.uk/What-to-see-do/Wine-and-gastronomy/actus/Urban-Wine-Trail-a-wine-crawl-inside-Bordeaux

Pause. Einfach mal abschalten

Bordeaux zählt wegen des glücklich reduzierten Autoverkehrs im Zentrum zu den wenigen Großstädten, in denen schon mittendrin das Abschalten wunderbar gelingt. Umso traumhafter ist es, Plätze im Abseits aufzusuchen, die gänzlich dem Trubel entrückt sind.

Sie werden es schon schaukeln
Bootfahren auf der Garonne
Wenn die historischen Abbildungen nicht geschönt sind, dann breitete sich über den Port de la Lune einst ein Meer von Schiffsmasten aus. Der verbliebene Rest ist mickrig, doch fahren immerhin noch Ausflugsboote die Garonne aufwärts oder die Gironde abwärts. Das Unternehmen **Burdigala** hat drei Boote am Start: Die ›Aquitania‹ für eine zweistündige Hafenrundfahrt, die ›Burdigala‹ und ›Burdigala II‹ für längere Touren, auch mit Verpflegung an Bord (Ponton gegenüber 7, quai de Queyries, T 05 56 49 36 88, www.croisieresburdigala.fr, ab 15 €). **Bordeaux River Cruise** schickt ab Ponton de la Cité du Vin die ›Sicambre‹ für Kurztrips sowie Fahrten mit Weinverkostung, Mittag- oder Abendessen ins Rennen (T 05 56 39 27 66, https://bordeaux-river-cruise.com, ab 12 €). Außenseiter in jeder Hinsicht ist der Segler **Arawak**, der ab Lormont auch aufs Meer hinaus fährt (Place Aristide Briand, Lormont, T 06 43 86 04 12, http://bateauarawak.fr).

Keiner kommt hier lebend raus
Cimetière de la Chartreuse
📍 A/B 11/12
François de Sourdis war kirchlicher Aufsteiger, wurde früh Erzbischof, dann Kardinal, vermählte Ludwig XIII. und begab sich 1610 an eine große Aufgabe: Sümpfe trocken legen für das Kartäuserkloster. Das Portal steht noch, die Gebäude wichen in Revolutionstagen einem mittlerweile 26 ha großen Friedhof. »Schiffbruch mit Sensenmann« könnte man das berühmte Grab von Jean Catherineau überschreiben, das einen Matrosen an der letzten Klippe, dem Tod, scheitern lässt. Frère Alphonse, Wohltäter der Armen, zweigte ebenfalls ein ordentliches Sümmchen ab, um für die Ewigkeit skulptural gerüstet zu sein. Einfach fiel der Gedenkstein für Flora Tristan aus, die Großmutter von Paul Gauguin (▶ S. 26). Nicht viel anders erging es Francisco de Goya, jedoch ruhte sein Leichnam auch nicht lange in Bordeaux (▶ S. 45). Wer auf Grusel steht, kann über das Office de Tourisme eine nächtliche Führung buchen (180, rue Bonnac, Mo–Sa 8.30–17/17.30, So 9–17 Uhr).

Reling mit Abgas
Pont d'Aquitaine 📍 Karte 3, C 2
Jetzt mal den Zappelphillipp zu Hause lassen: Es winkt Nervenkitzel für Hobby-Ingenieure und PS-Narren. Die bisweilen sturmgepeitschte Autobahnbrücke zwischen Lormont und Bacalan ist begehbar und öffnet Weitblick auf die Stadt. Nur muss man den Fluss dort wie ein Zen-Meister queren, um inmitten des Verkehrstaumels noch Genuss zu finden. Die entschärfte Variante bietet **Le Prince Noir,** ein Sternerestaurant in einem Schlösschen am Brückenkopf, wo eher die Preise den Schock versetzen (1, rue du Prince Noir, Lormont, T 05 56 06 12 52, leprincenoir-restaurant.fr, Mo–Fr 12–13.30, 20–21.30 Uhr, Menü ab 82 €). Das seelenruhige Gegenstück ist die romanische **Église St-Siméon** in Bouliac. Von der Aussichtsplattform blickt man weit über Bordeaux und kann danach die Wandmalereien in der Kirche betrachten (6, place Chevelaure).

Pause. Einfach mal abschalten

Am Ufer der Garonne radelt es sich himmlisch von Blätterdach zu Blätterdach.

Rendezvous mit Baskenschweinen
Parc Bordelais 🗺 A 8
Es gibt diese Riesenparks, in die aber kaum ein Tourist vordringt, weil sie abseits liegen. So etwas ist der 28 ha große Parc Bordelais im aufsteigenden Wohnviertel Caudéran. Die Anlage mit 3000 Bäumen stammt aus dem 19. Jh. und ist speziell den Bedürfnissen von Familien angepasst. Um einen Teich gruppieren sich Café, Gehege mit streichelfähigen Tieren, Spielplatz, Kart- und Bimmelbahn – und das Marionettentheater Guignol Guérin (Rue du Bocage, tgl. 7–19 Uhr, Puppentheater: https://guignolguerin.fr).

Wie Gott in Bordeaux
Stadt der Spas
In und um Bordeaux existieren säuselige Wellnessadressen mit Seltenheitswert. **Les Sources de Caudalie** in Martillac therapiert auf einem traumhaften Hotelgelände mit Wein (🗺 Karte 3, C 4, www.sources-caudalie.com). **Les Bains de Cléopâtre** beim Marché des Capucins vertritt sehr stilvoll die orientalische Fraktion (🗺 E 12, www.lesbainsdecleopatre.fr). Ein abgefahrenes Wasserparadies ist **Calicéo** in Bruges (🗺 C 3, www.caliceo.com/bordeaux). Wellness in kompletter Dunkelheit zelebriert **Le Spa dans le Noir** nahe dem Palais Gallien (🗺 B 9, www.lespadanslenoir.com). Aber die vielleicht ungewöhnlichste Adresse heißt **Les Bulles à Flotter** und liegt zentral in der Altstadt (🗺 Karte 2, D 4, www.lesbullesaflotter.fr/lesbullesaflotter-bordeaux). Den Begriff könnte man mit Schwimmblase übersetzen. Man erhält seine Badekabine und kann im Salzwasser wie auf dem Toten Meer schweben, bis die Entspannung den siebten Himmel erreicht.

Fernfahrer auf dem Sattel
Per Rad nach Créon
🗺 Karte 3, östlich C 3
Roger Lapébie war Radrennfahrer, nach ihm ist eine Bahntrasse benannt, die nun als Radweg von Bordeaux nach Sauveterre-de-Guyenne führt. Das sind 57 km ab Pont de Pierre (🗺 F 5), hin und zurück sicher zu viel für eine gemütliche Ausfahrt. Aber man kann Créon als Endpunkt wählen, erlebt dort den alten Bahnhof als vorbildliche Station Vélo und sieht ein Städtchen, das wirklich mal eine mittelalterliche Bastide war.

Bis Créon hin/zurück ca. 50 km, 3 Std., http://lepointrelaisvelo-creon.fr

In fremden Betten

Weltmeister der Wohnkultur

Der Konjunktiv ist für Hotelsuchende keine brauchbare Größe, und doch: Es wäre zu begrüßen, wenn **La Bastide** sein Bettenangebot ausbauen würde. Das Auto wäre dort gut im Parkhaus deponiert, der Tag könnte mit einem Frühstück am Flussufer beginnen, dann würde als idealer Wachmacher ein Spaziergang über die Brücke in die Altstadt folgen. Bislang haben aber nur die notorisch ausgebuchten Ketten Ibis und Ibis Budget diese Vorzüge erkannt, während nicht weit vom einstigen Bahnhof La Bastide nur ein Hotel von 1850 eher versehentlich als Erinnerung an die Eisenbahn-Ära verblieb. Mit anderen Worten: Augen auf, ob dort neue Privatunterkünfte öffnen. Man findet sie übrigens nicht so zahlreich auf den Portalen, die deutschen Surfern bekannt sind, sondern eher auf französischen Seiten.

Während La Bastide auf seine Erweckung wartet, wächst im Umkreis des **Hauptbahnhofs St-Jean** die Zimmerzahl. Es bedarf aber noch einer Eingewöhnungszeit, bis dieses einst schäbige Quartier als günstiges und günstig gelegenes Nachtlager akzeptiert wird. Derweil hält sich beharrlich der Wunsch nach einer Bleibe mitten im Zentrum – für Autofahrer keine gute Wahl, da Parkhäuser und Garagen dort kräftig kassieren. Aber schön ist sie sehr wohl, die Nacht in einem jener klassizistischen Luxushäuser inmitten des prallen Lebens …

IN DIE HAND NEHMEN

Igitt, eine Kette! Die Aversion gegen die Allrounder entspringt dem irrationalen Wunsch, im Zeitalter des ungebremsten Reisefiebers Individualismus zu proben. Wer früh genug bucht, kann sich solche Attitüde leisten. Den Kurzentschlossenen dagegen straft das Leben mit astronomischen Zimmerpreisen oder einer Ausweichadresse am sehr fernen Stadtrand. Da kann es dann ratsam sein, die Prinzipien in die Mottenkiste zu packen und bei den Hotelketten zu buchen – aber auch dort nicht spät, denn Bordeaux ist dicht umlagert. Den Wurm fängt zweifellos der frühe Vogel, aber er sollte so ausgeschlafen sein, dass er auf Seiten wie www.bordeaux-tourisme.com oder www.chambres-hotes.fr statt immer nur auf Airbnb sucht.

Design wie in der Eistüte: Das Hotel Seeko'o liebäugelt mit den Inuit.

In fremden Betten

Lagerdasein auf modern
Domaine de Raba 🏠 Karte 3, B 3
Den südlichen Vorort Talence lernt kaum ein Reisender kennen, denn es fehlt dort der Anreiz. Doch inmitten der Bedeutungslosigkeit steht ein Anwesen aus dem späten 19. Jh. mit ein paar kuriosen Ablegern. Fünf Holzhütten gruppieren sich um das Haupthaus, sie sind dem Stil napoleonischer Zeltlager nachempfunden. Von den beiden Restaurants ist eines unbezahlbar, das andere mit Snacks aus aller Welt fast günstig. Spa-Bereich und ein sommerliches Konzertangebot legen noch einen Zahn zu.
35, rue Rémi Belleau, 33400 Talence, T 05 57 26 58 28, www.domainederaba-talence.fr, Tram B Doyen Brus, 5 Lodges, DZ 190 €

Budget scharf kalkuliert
La Course 🏠 D 8
In der Regel bremst die Barschaft jeden Übermut. In diesem Fall werden Sie im Kampf gegen die Verlockung Ihre liebe Not haben: Vom Bett in der 80 m² großen Luxussuite schaut man in den Sternenhimmel, die private Dachterrasse dazu besitzt einen eigenen Pool. Gartenblick und Balkon in den anderen Zimmern sind dagegen fast schon ein schwacher Trost, aber für sich und ohne die hohe Messlatte durchaus verlockend.
69, rue de la Course, T 05 56 52 28 07, www.lacourse-bordeaux.fr, Tram C Jardin Public, 5 Zi., DZ ab 167 €

Filmreif mit Blumen
Jardin du Sequoia 🏠 C 13
Der Garten hinter dem Haus ist die pure Pracht und idealer Ort, um zum Abschluss des Tages ein Gläschen zu konsumieren und die nächsten Unternehmungen zu planen. Sogar sein Abendessen kann man dort zubereiten, denn es existiert eine Sommerküche im Freien. Die sehr geräumigen Zimmer spiegeln den Geist des 19. Jh., als das Haus gebaut wurde.
87, rue de St-Genès, T 06 32 24 13 25, www.bnb-bordeaux-villa-sequoia-garden.com, Tram B St-Nicolas, 4 Zi., DZ ab 150 €, EZ ab 110 €

Leben wie der Korkenadel
Chez Dupont 🏠 E 8
Bordelaiser kennen das Haus aus dem 18. Jh. erst einmal als Restaurant im Chartrons-Viertel. Aber es gibt die Zimmer darüber, die von der 25 m² Standardbude bis zur 70 m² Luxussuite mit eigener Terrasse reichen. Man findet wenige Adressen in der Stadt, die im Internet so viel Lob von früheren Gästen erhalten.
2, rue Cornac, T 05 56 81 49 59, www.chez-dupont.com, Tram C Paul Doumer, 10 Zi., DZ ab 130 €

Support your local Maler
Les Chambres d'Art 🏠 F 12
Nicht wundern, wenn mal ein paar Künstler durchs Haus marschieren – die hängen nur auf, nämlich ihre Werke. Die Wechselausstellungen sind Programm und rechtfertigen den Namen dieses B&B, das um 1900 gebaut wurde und dann gleich auch einen hübschen Garten erhielt.
6, rue du Portail, T 06 11 84 59 42, www.leschambresdart.com, Tram C Ste-Croix, 2 Zi., DZ ab 120 €

Charmant bis an die Schmerzgrenze
L'Invitation au Voyage 🏠 Karte 2, C 6
Räkeln im alten Gemäuer – die zentrale Lage des B&B ist ebenso Pluspunkt wie die himmlische Atmosphäre der geschichtslastigen und doch klimatisierten Zimmer. Wer im Oberstübchen wohnt, braucht Puste für das Treppenhaus. Das gemeinsame Frühstück besitzt oft Unterhaltungswert.
40, rue Paul-Louis Lande, T 06 80 96 12 48, www.bordeaux-l-invitation-au-voyage.com, Tram B Musée d'Aquitaine, 5 Zi., DZ ab 115 €

Spitze vom Designer-Eisberg
Seeko'o 🏠 G 7
Wer sich 55 m² preislich leisten kann, bucht gleich die große Suite und schaut wie vom Flughafentower auf Stadt und Fluss herab. Die anderen Zimmer sind nicht mal halbes Vergnügen und doch immer noch wie unbeschwertes Leben im Loft. Bei ultramoderner Außenansicht: Seeko'o, behauptet das

In fremden Betten

4-Sterne-Hotel, bedeute Eisberg in der Sprache der Inuit.
54, quai de Bacalan, T 05 56 39 07 07, https://seekoo-hotel.com, Tram B Les Hangars, 45 Zi., DZ ab 114 €

Ganz von der Rolle
Mama Shelter 🏠 Karte 2, B 3
Am einen Ende ist Small Mama, am anderen XL Mama – und darüber noch die Familienvariante XXL. Zentraler geht es kaum, geselliger, weltoffener und jünger wahrscheinlich auch nicht. Selbst Musiksessions im Haus sind willkommen – vielleicht nicht so sehr bei älteren Gästen. Das Restaurant versorgt mittags mit einem Tagesgericht von 13 €, abends mit Menüs ab 26 € (tgl.). Sahnehäubchen ist die Verpflegung auf der Dachterrasse mit Blick über die Stadt, wovon auch auswärtige Gäste nicht ausgeschlossen bleiben. Jobangebote auf der Website eröffnen jenseits der Bleibe noch die Perspektive, die Urlaubskasse aufzupolieren.
19, rue Poquelin-Molière, T 05 57 30 45 45, www.mamashelter.com/fr/bordeaux, Tram B Gambetta, 97 Zi., DZ ab 109 €

Wie zur Miete
L'Hôtel Particulier 🏠 Karte 2, B 4
Die Suiten und Apartments in einem Traditionshaus bei der Kathedrale vermitteln den Eindruck, nicht Hotelgast, sondern Mieter einer Wohnung zu sein – Kochgelegenheit inklusive. Der Innenhof macht was her und sollte auch Wegweiser für die Zimmerwahl sein, denn wer zur Straße raus wohnt, muss Lärm ertragen.
44, rue Vital Carles, T 05 57 88 28 80, www.lhotel-particulier.com, Tram A Ste-Catherine, Tram B Gambetta, 18 Zi., DZ ab 109 €

In Licht gebadet
Maison Odeia 🏠 C/D 9
Schon die Straßenbahnstation verrät es: Gleich nebenan liegt der große Park Jardin Public. Das helle Interieur scheint die maßgeschneiderte Medizin gegen depressive Verstimmung zu sein. Nutzung der Terrasse mit Jacuzzi ist im Preis enthalten, für den Parkplatz in der hauseigenen Garage zahlt man Aufpreis in gemäßigter Höhe.
12, impasse des Tanneries, T 06 66 77 27 77, http://lamaisonodeia.com, Tram C Jardin Public, 5 Zi., DZ ab 92 €

Über den Küchendüften
Maison Fredon 🏠 F 12
Das Restaurant La Tupiña in der Rue Porte de la Monnaie hat Generationen beköstigt, mal mehr, mal weniger geschätzt. Mittlerweile hat sich das Unternehmen eine Pension zugelegt. Zu historischem Mauerwerk und Kaminen gesellt sich dort modernes Mobiliar. Die preiswerteren Zimmer sind leider etwas zu eng geraten, aber immer noch zentral an der großen Fressmeile gelegen.
5, rue Porte de la Monnaie, T 05 56 91 56 37, www.latupina.com/en/maison-d-hotes-fredon-bordeaux, Tram C Ste-Croix oder St-Michel, 5 Zi., DZ ab 90 €

Quadratur des Kreises
Acanthe 🏠 Karte 2, D 3
Seit vielen Jahren hat das Haus in der Nähe der Börse seinen angestammten Platz in Hotelverzeichnissen. Nicht dass es durch Extravaganz aus dem Rahmen fallen würde. Aber die Kombination aus sauberen, hellen Zimmern, gemäßigten Preisen und zentraler Lage schlägt so manche Konkurrenz.
12–14, rue St-Rémi, T 05 56 81 66 58, www.acanthe-hotel-bordeaux.com, Tram C Place de la Bourse, 20 Zi., DZ 80–96 €

Vorstadtzwitter
Clos des Boulevards
🏠 außerhalb G 14
Letztlich ist da: Supermarkt, Tram, Café, Bahnhof und sogar Parkplätze. Nur dass man sich trotz zentrumsnaher Lage nicht zentral fühlt. Pool und Garten mit Palmen locken aber auch auf die falsche Fährte, denn zum Ferienparadies für Langzeitgäste reicht es nicht ganz. Die Adresse ist irgendwas dazwischen, allemal sympathisch und gewiss eine Entdeckung.
369, bd. Jean-Jacques Bosc, T 05 56 49 57 72, www.closdesboulevards.fr, Tram C Carle Vernet, 4 Zi, DZ ab 70 €

In fremden Betten

Design muss sein, auch nachts: Philippe Starck hat die Betten bereitet im Mama Shelter Bordeaux.

Beim Bio-Fritzen
Bioethnique Spa 🏠 F 7
Das Wellness-Unternehmen logiert in einem Haus aus dem 19. Jh. und hat eine Wohnung und ein Zimmer für seine liebsten Gäste reserviert. Der Innenhof mit Kletterpflanze ist das Paradies auf Erden. In der Gemeinschaftsküche kann man Schwätzchen halten und sich selbst versorgen.
48, rue Maurice, T 07 77 88 03 93, www.bioethnique.fr, Tram B Cours du Médoc, 2 Zi., DZ 69–97 €

Für coole Natursocken
Ma Cabane 🏠 B 7
Fabienne Seguy hat was übrig für Naturliebhaber, nämlich ein hölzernes Hinterhaus im Garten, wo man träumen kann, gar nicht mitten in der Großstadt zu sein. Ein Küchenbereich garantiert perfekte Selbstversorgung.
67, rue de Macau, T 06 82 00 61 00, über www.chambres-hotes.fr, Tram C Camille Godard, nur 1 DZ, ab 90 €

Costa echt gar nix
Les Refuges Périurbains
Man darf zwar nur eine Nacht bleiben, aber die hat es in sich. Moderne bis ultramoderne Hütten stehen an ausgesucht romantischen Orten in den Außenbezirken der Stadt und warten darauf, zwischen März und November von Abenteurern gekapert zu werden. Spartanische Einrichtung verknüpft sich hier mit verrückter Architektur. Strom und fließendes Wasser? Fehlanzeige Toilette? Trocken oder im öffentlichen WC nebenan.
Verschiedene Orte am Stadtrand, Buchung obligatorisch über http://lesrefuges.bordeaux-metropole.fr, Übernachtung kostenlos für max. eine Nacht pro Refuge

Ja sicher, öko
Fare Bamboo Bio
Während eine entspannte Nacht in Arcachon eher die Ausnahme ist, versprechen die Nachbarorte eine gesegnete Bettruhe, so auch in Gujan-Mestras. In dem holzverkleideten Häuschen dicht am Strand haben die Gäste von Hilde und Yann Savin ihr eigenes kleines Privatreich samt Küche, Terrasse und Garten, in dem Bambus neben der Bananenstaude steht.
31, allée de la Pelouse, 33470 Gujan-Mestras, T 05 57 73 60 12, http://bambou.altra.fr, 1 Appartement, DZ 95 €

Vorhof zum Himmel

Auch wenn Fast Food oft kulinarischer Dilettantismus ist, nehmen viele diese Sache enorm ernst und philosophieren etwa über die ›besten Burger der Stadt‹. Das schnelle Angebot greift um sich, zumal das Preis-Leistungs-Gefälle dem Wirt bestens in die Tasche spielt. Auch in Bordeaux balgt die Meute um den leicht verdienten Pizza-Pasta-Euro. Am anderen Ende hüten Traditionshäuser ein erlesenes lukullisches Vermächtnis und verlangen dafür sehr stolze Preise. Es muss aber doch … Etwas anderes geben? Ein Mittelfeld? Aber ja, ein großes sogar, nur braucht man dazu außer dem Wegweiser auch die Bereitschaft, mal auf alte Gewohnheiten zu verzichten, Exotik zu wagen, sich ins Hinterhaus zu trauen oder den Stadtrand in Betracht zu ziehen. Was zum Vorschein kommt, erweist sich als riesiges Reservoir an sprudelnden Ideen, von denen einige noch lange nicht nach Deutschland geschwappt sind. Schon deshalb bereitet Bordeaux Freude, aber auch, weil die südliche Lebensart mit guter Kost unter freiem Himmel dort eine besonders elegante Heimat gefunden hat. Ein Abendessen auf der Place du Parlement gehört zu Frankreichs feinsten kulinarischen Erlebnissen, ganz unabhängig von der Qualität des Restaurants. Und das macht die Gastroszene der Stadt so besonders: Essen in Bordeaux ist eine Qualität für sich, die nicht allein über den Geschmack entschieden wird.

NICHTS UMKOMMEN LASSEN

Große Küche zum Dumpingpreis ab 3 € eröffnet eine App, die Lucie Basch als Strategie gegen die Wegwerfmentalität entwickelt hat. Was in Restaurants nicht verzehrt wird, packen die teilnehmenden Gastronomen in Doggybags. Man bestellt per Smartphone, holt das Menü am vereinbarten Ort ab und bezahlt per Karte oder Paypal.
www.toogoodtogo.fr

Augen auf kann nie schaden, auch nicht in den Cafés bei der Basilika St-Michel.

Satt & glücklich

SO BEGINNT EIN GUTER TAG IN BORDEAUX

Wie alles anfing
Café du Levant 🕐 G 13
So beginnt der Tag, so beginnt die Stadt: am Bahnhof im »Café zur aufgehenden Sonne«. Seit 1896 hält die Brasserie die Stellung an der Gare St-Jean. Ihr Jugendstil, 1923 aufpoliert, suggeriert feinstes Pariser Flair. Dazu passen blendend die französischen Klassiker: Ei-Mayonnaise, Austern, Sauerkraut nach Elsässer Art, Croque Monsieur und die Tagesausgabe von Le Monde am Zeitungsständer.
24/25, rue Charles Domercq, T 05 57 80 26 22, http://cafedulevant.fr, Tram C Gare St-Jean, tgl. 8–23, warmes Essen 11.30–15, 18–23 Uhr, Menü ab 21 €

Heimisch werden
Au Comptoir des Capucins 🕐 E 13
Frankreichs Märkte öffnen früh, oft schon um 6 Uhr. So einen Tagesanbruch auf dem Marché des Capucins können sich Sammler von Lokalkolorit getrost mal auf die Wunschliste schreiben und nach getanem Einkauf dort einkehren, wo es urig zugeht: im Comptoir des Capucins. Zum Gläschen als Muntermacher bestellt man eine Wurstplatte oder die *frites du comptoir,* Pommes mit Röstzwiebeln und Käsesauce.
27, place des Capucins, T 05 56 31 59 00, www.aucomptoirdescapucins.fr, Tram B Victoire, Tram C St-Michel, Mo–Fr 10–14, 18–23, Sa 10–23, So 10–15 Uhr, Menü 18 €

Lecker, anders, klitzeklein
Black List Café 🕐 Karte 2, B 5
Rote Bete, weich gekochtes Ei und Brot mit Kräuterbutter. Oder pochierte Eier auf Avocado-Toast. So fängt der Tag auch mal ganz anders an. Gute Ideen mischen sich mit guten Zutaten und sehr knappem Platzangebot, das immer den Eindruck entstehen lässt, man sei privilegierter Gast. Und die freundliche Bedienung weiß das durchaus zu unterstützen.
27, place Pey-Berland, T 06 52 13 65 92, auf Facebook, Tram A Hôtel de Ville, Mo–Fr 8–18, Sa 9.30–18, So 9.30–15 Uhr, Mittagstisch ab 15 €, Frühstück ab 7,50 €

Liebe is(s)t ...
Les Petits Mots Bleus 🕐 Karte 2, B 4
Die Liebe, die Liebe – immer ein heikles Thema, auch für Sänger Christophe, der mit den »Mots bleus« 1974 einen Hit landete. Das ewige Kreisen um die »blauen Worte« hat sich hier in einer Teestube gefangen, die zugleich Bibliothek ist und den Gast seinen Sehnsüchten nachhängen lässt. Dazu gibt es Salate, Kuchen und wechselnde Tagesgerichte.
3, place Jean Moulin, T 05 56 90 01 93, auf Facebook, Tram A und B Hôtel de Ville, Di–Sa 11–19 Uhr, Mittagsmenü ab 9 €

Sportlich bleiben
Tofu'toi
Seit 2012 tingelt der Versorgungswagen durch Bordeaux und ist je nach Wochentag an unterschiedlichen Standorten anzutreffen. Die einen ziehen stramm hinterher, die anderen warten auf ihren Tag, um sich zwischen 12 und 13.30 Uhr am Wagen das gesunde Mittagsmahl zu günstigem Preis abzuholen. Falls im Angebot: Versuchen Sie unbedingt das Mandel-Gazpacho.
T 05 76 98 02 11, www.tofutoi.fr Wechselnde Standorte: Mo 11, av. de Canteranne, Pessac, Tram B Saige; Di und Fr 10, av Gustave Eiffel, Pessac, Tram B Cap Métiers; Mi 120, quai de Bacalan, Tram B Cité du Vin jeweils 12–13.30 Uhr, Tagesgericht um 6,50 €

Bordeaux à la Baked Beans
Excuse My French Café
🕐 Karte 2, E 5
Lust auf einen Brunch mit britischer Note? Ob *scones* oder *scrambled eggs, mashed potatoes* oder *clotted cream* – man vermisst wirklich nichts von den Inseln und muss sich immer mal ins Gedächtnis rufen, dass dies allerhöchstens eine britische Enklave ist, in der Französisch zum Fremdschämen gesprochen wird.
87, rue des Faures, T 05 56 94 05 23, auf Facebook, Tram A und C Porte de Bourgogne, Di–So 10–19 Uhr, Frühstück ab 6 €, Brunch 15 €

Satt & glücklich

KUCHENKAMPF

Canelés sind eine Köstlichkeit der Stadt, die nach dem ersten Verzehr sogleich zur Wiederholungstat auffordert. Eine Frühform des Gebäcks, außen zuckrig-knusprig, innen saftig-weich, wurde vermutlich von Nonnen erfunden. Später existierte eine ganze Gilde, die das Privileg genoss, die Küchlein zu produzieren und in den Straßen der Stadt zu verkaufen. **Baillardran** (u. a. 41, rue des Trois Conils, 📖 Karte 2, C 4, www.baillardran.com) heißt eine Konditorei, die sich die Aura der Exklusivität verleiht, indem ihre luxuriös ausgestatteten Filialen fast nur Canelés anbieten und dafür ungewöhnlich hohe Preise verlangen. Baillardran besitzt aber kein Patent und ist nicht befugt, Konkurrenz zu untersagen. An der Rue Ste-Catherine, nur wenige Schritte vom Grand Théâtre entfernt, unterhält **La Toque Cuivrée** (5, rue Ste-Catherine, 📖 Karte 2, C 2, www.la-toque-cuivree) einen Straßenverkauf, wo man die typisch Bordelaiser Spezialität in gleicher Qualität, aber preisgünstiger erhält.

WO ESSEN AUF NACHHALTIGKEIT TRIFFT

Liebe in Zeiten von Dörrobst
Rest'O 🍴 F 7
Die Idee ist, Routine zu verbannen. Von daher changiert das Menü täglich in neue Aromen. Eine recht feste Größe in dieser bio-organischen Kost sind Trockenfrüchte.
16, quai de Bacalan, T 09 52 36 71 38, http://lerest-o.fr/fr/resto, Tram A Place du Palais, Mi/Do 12.15–14.30, Fr 12.15–14.30, 20.15–22, Sa 20.15–22 Uhr, Mittagsmenü 16,50 €, abends 26 €

Öko mit System
Casa Gaïa 🍴 E 8
Die junge Crew möchte mehr als nur biologischen Anbau, Frische und Nahrhaftigkeit. Der Herd wird mit Holz befeuert, Handel mit den Zutaten erfolgt auf möglichst kurzen Wegen, Lieferanten sind ausgewählte Höfe und Produzenten im nahen Umkreis. Die Karte weicht aller Langeweile aus, indem sie täglich wechselt. Tapas und Salate sind aber immer am Start.
18bis, rue Latour, T 05 56 52 87 21, http://casagaia.fr, Tram B CAPC, Tram C Paul Doumer, Mo–Sa 8.30–23, So 10–17 Uhr, Menü ab 16,50 €

Zur Lage der Ration
Kitchen Garden 🍴 Karte 2, D 4/5
Süppchen und Thai-Curry, Kräuter, Salatschüssel und Möhrenkuchen. Vegetarisch bis vegan sind die hausgemachten Leckereien und obendrein noch so üppig bemessen, dass niemand hungrig wieder zur Tür rausgeht respektive die Terrasse verlässt. Krönung ist der sonntägliche Brunch.
22, rue Ste-Colombe, T 09 83 37 76 10, www.kitchengarden.fr, Tram A Place du Palais, Di/Mi 9–17, Do–Sa 9–19, So 11.30–15.30 Uhr, Menü ab 16 €

Was der Garten hergibt
La Belle Saison 🍴 F 9
Manchmal genügt es, wenn man einfach nur mit dem bedient, was ohne

Satt & glücklich

Flugverkehr und Tiefkühlschrank zur jeweiligen Jahreszeit verfügbar ist. Dieser Gedanke schlägt bereits im Namen des Restaurants durch. Zugabe ist die Lage in La Bastide mit Blick über den Fluss auf die Altstadt.

75, quai des Queyries, T 05 57 80 33 33, https://la-bellesaison.fr, tgl. 12–14/14.30, Di–Sa auch 19.30–22 Uhr, Mittagstisch 12 €

Ohne Umgewöhnung
Munchies 🍴 E 12

Möglicherweise geht es darum, vegan und vegetarisch so aussehen zu lassen, als sei doch alles ganz normales Junk Food. Jedenfalls gibt es Chips, Buns und Hot-Dogs, nur eben fleischlos, auch zum Mitnehmen und bestimmt auch ›mit scharf‹.

21, rue des Augustins, T 05 56 21 82 61, auf Facebook, Tram B Victoire, Mo–Fr 12–18 Uhr, Menü ab 8 €

INSTITUTIONEN UND SZENETREFFS

Die Fleischheiligen
La Table de Bécassine 🍴 E 7/8

Auf den Teller kommt weltbestes Rindfleisch. Man verstehe sich auf *viande maturée*, behauptet das Restaurant und meint damit gut abgehangenes Fleisch, was den Unterschied zu vielen Konkurrenten erklärt. Die offene Küche legt Zeugnis dafür ab, dass weder Tiefkühltruhe noch Mikrowelle an Bord ist. Der Gast muss sich aber auch damit abfinden, dass abseits von Fleischgenüssen wenig geboten wird.

63, rue Borie, T 05 40 25 15 58, www.latable debecassine.com, Tram B Chartrons, Tram C Camille Godard, Mo 19–2, Di–Sa 12–14.30, 19–23 Uhr, Menü ab 40 €

Nach Art der Urururahnen
Le Cromagnon 🍴 Karte 2, A 2

Sie heißt Oxana, stammt aus Moldawien, ist eigentlich Designerin, aber auch Köchin mit Unternehmergeist. Tatsächlich schafft sie es, ihren Gästen einen Teil der Arbeit zu überlassen und dabei noch das Gefühl von Glückseligkeit zu vermitteln. Denn die Spezialität des Hauses ist Rindfleisch, das man in geselliger Runde auf dem Himalaya-Salzstein grillt. Nach getaner Arbeit wird Cromignonne flambiert: ein Erdbeer-Jasmin-Kompott mit Ingwereis unter einem Überzug aus weißer Schokolade.

48, rue du Palais Gallien, T 09 80 51 67 03, https://lecromagnon.fr, Tram C Jardin Public, Di–Sa 19.30–22.30 Uhr, Menü ab 37 €

Macht fit für die nächste Dosis Bordeaux: das Kitchen Garden

Satt & glücklich

Von allem etwas und von vielem noch mehr gibt es im Marché des Capucins

Promi-Treff und Kunstverstand
Le K.baroque 🍴 E 9
Angeblich zieht es manch einen nur hierher, um Alain Juppé aufzulauern. Aber er und andere Prominenz kreuzt nicht täglich in dem Laden auf, der wegen seiner honorigen Gäste auch die Preise höher ansetzt. Die Nähe zum Musée d'Art Contemporain färbt insofern ab, als Dekor und Speisen auf künstlerische Weise kredenzt werden.
1, quai des Chartrons, T 05 56 52 31 20, http://kbaroque.fr, Tram B CAPC, Mo–Do 12–14, 20–22.45, Fr 12–14, 20–23, Sa 20–23 Uhr, Menü ab 35 €

Der transparente Koch
Comptoir Cuisine 🍴 Karte 2, C 2
Die offene Küchentheke, *comptoir cuisine*, ist der ideale Ort, um dem Koch auf die Finger zu schauen und ihm die Ohren voll zu quatschen. Das wäre die negative Lesart dessen, was das Haus bietet. Durch eine andere Brille betrachtet, geht es darum, das Kocherlebnis möglichst hautnah mit demjenigen zu teilen, der etwas von der Sache versteht. So wird man Zeuge, wie Jakobsmuscheln, Steak Wellington oder vielleicht auch nur Milchreis unter Meisterhand gelingen.
2, place de la Comédie, T 05 56 56 22 33, www.comptoircuisine.com, Tram B Grand Théâtre, So–Do 12–22.30, Fr/Sa 12–23 Uhr, Menü ab 30 €

Landpartie
La Cape 🍴 Karte 3, C 2
Diese Adressen am Stadtrand mit dem verträumten Ambiente und der Küche, die an Hexerei grenzt, was dann aber auch ein paar Euro mehr kostet – wenigstens einmal sollte man sich das gönnen. Die Speisekarte wechselt monatlich, gedeckt wird auch auf der Terrasse, die sich zum Garten öffnet. Das sollte man mittags genießen und nicht am Abend, wenn die Menüpreise allzu hoch klettern.
9, allée de la Morlette, Cenon, T 05 57 80 24 25, www.restaurantlacape.com, Tram A La Morlette, Mo–Fr 12–13.45, 20–21.45 Uhr, Menü ab 28 €

Verlässlicher Standard
Café Bastide 🍴 G 10
Nicht der leiseste Hang zu Eskapaden ist der Speisekarte zu entnehmen: Lammkotelett, Salat César, Entrecôte, serviert in Bar-Atmosphäre und gewiss nicht weiter auffällig. Was lockt, ist die ruhige Lage in La Bastide und die ge-

Satt & glücklich

diegene Einfachheit, die man nach allen Ausreißern durchaus mal genießt.
69–71, allée Serr, T 05 56 86 83 31, http://lecafebastide.fr, Tram A Jardin Botanique, Mo–Fr 12–14, 19–22, Sa 19–22 Uhr, Menü ab 27 €

Rhythmus und Risotto
Le Confidentiel 🍴 E 8
Sofern Sie zufällig Ihre Gitarre dabei haben, ist dies vielleicht der Start in ein neues Leben. Denn das Confidentiel bietet an Wochenenden Nachwuchsmusikern die Chance zum Auftritt vor Publikum. Das bedeutet zugleich, dass Gäste an diesen Abenden mit Livemusik empfangen werden. Zur luftigen Atmosphäre an der Garonne passen die Tapas, Wok-Gerichte, Salate, Risotti oder Käseplatten.
80, quai des Chartrons, T 05 57 87 67 72, www.leconfidentiel.fr, Tram B Chartrons, Mo 9–23, Di–Fr 11.30–14.30, 19–23, 11.30–23, So 11–15 Uhr, Menü ab 25 €, sonntags Brunch 28 €

Irgendwie sozio
Le Chien de Pavlov 🍴 Karte 2, D 3
Wenn es unbedingt Hund sein muss – bitte. Pawlows Hund steht für Konditionierung, was im Restaurant auf seltsame Weise eine Bestätigung erfährt. Denn viele Gäste sind offenbar so konditioniert, dass sie hinter einem solchen Namen bahnbrechende Originalität vermuten. Diese Erwartungshaltung wird nicht erfüllt, aber die Küche ist einfallsreich bis überkandidelt, der Service ausnehmend gut.
45/47, rue de la Devise, T 05 56 48 26 71, www.lechiendepavlov.fr, Tram C Place de la Bourse, Di 19.30–22.30, Mi–Sa 12.30–14.30, 19.30–22.30 Uhr, Mittagsmenü 25 €, abends ab 34 €

In aller Grüne
Pavillon Garonne 🍴 Karte 3, C 3
Die Terrasse an der Garonne im Stadtteil Bègles ist nicht zu toppen. Die geringe Speiseauswahl lässt Wünsche offen, doch fühlt man sich unter dem grünen Blätterdach so himmlisch weit abseits von allem Trubel, dass keine Klagen aufkommen.
Centre Commercial Rives d'Arcins, Rue Blériot, T 05 56 49 04 90, www.pavillongaronne.fr, Bus 11 Rives d'Arcins, tgl. 12–14, 19.30–22.30 Uhr, Menü ab 23 €

Kitsch und Kidney Pie
Paul's Place 🍴 E 8
Auf den ersten Blick sieht es aus, als seien die Wände über und über mit Kunst behängt. Bei näherer Prüfung entpuppt sich die Deko als erlesener Kitsch. Paul und Josephine, die Inhaber aus Cambridge, sehen da nicht die Spur von Widerspruch und überbrücken alle weiteren Diskrepanzen mit Livemusik, Dichterlesungen oder Theateraufführungen. Gastronomisch bewegt sich das Angebot in der Liga guter hausgemachter Bar Meals.
76, rue Notre-Dame, T 06 73 65 31 96, www.paulsplacebordeaux.com, Tram B Chartrons, Mi–Sa 19.30–22.30 Uhr, Menü ab 20 €

Ohne ø fehlt dir was
Koeben 🍴 Karte 2, A 2
Wer sich einen kleinen Spaß gönnen möchte, belauscht Franzosen bei der Bestellung von Smørrebrød. Das skandi-

Zweifelsfrei nicht Hund, auch wenn der Restaurantname darauf anspielt.

Satt & glücklich

navische Restaurant, das nicht rot-weiß oder gelb-blau antritt, ist aber doch wie sein großer schwedischer Bruder zugleich ein Gemischtwarenladen, der auch Schmuck, Deko und Geschenkartikel führt. Schon diejenigen, die einfach mal Abstand brauchen vom französischen Weißbrot, sind im Restaurantbereich gut aufgehoben.
32, rue du Palais Gallien, T 09 86 15 02 20, www.koeben.com, Tram B Gambetta, Di–Sa 9–19 Uhr, So 11.30–15.30 Uhr, Menü ab 17 €, sonntags Brunch 33 €

Das leichte Sommerziel
Le 7 de Palmer 🕐 Karte 3, C 2
Parc Palmer ist ein Stück weitläufiger Natur am Hang mit Fernblicken über die Stadt und damit ein nettes Ausflugsziel, von dem nur wenige Touristen etwas wissen. So gehört der Landschaftspark fast ausschließlich jungen Paaren und Familien. Das Restaurant auf der Höhe hat sich auf diese Kundschaft eingeschossen und bietet schnörkellose Kost zum Niedrigpreis, aber in herrlicher Gartenatmosphäre.
3, allée Simone Boulguet, T 05 56 86 42 33, https://le-7-de-palmer.business.site, Tram A Pelletan, So–Mi 12–14.30, Do–Sa 12–14.30, 19–22.30 Uhr, Menü 15–22 €

Gestutzte Roaring Twenties
Café des Arts 🕐 D 6
Nichts hält ewig, auch nicht Art-déco. Wechselnde Inhaber haben das alteingesessene Café immer wieder nach ihrem Privatgeschmack umgestaltet. Das hat der Kunst keinen Zugewinn gebracht. Unterdessen behauptet sich standhaft die Caféhausatmosphäre mit deftiger Kost zu Niedrigpreisen.
138, cours Victor Hugo, T 05 56 91 78 46, www.lecafedesarts.fr, Tram A Ste-Catherine, tgl. 8–1.30 Uhr, Menü mittags ab 13,50 €, abends 17,50 €

Cajun, Rum und Reggae
Chez Aka 🕐 F 12
Offiziell läuft die Sache als Restaurant, aber schon bei den Öffnungszeiten schlägt durch, dass Küche auch Vorwand sein kann. Aber was für? Bei Aka verfließen Wackeltreff und Umtrunk, Jam Session und Knabberspaß. Wer es kennt, kann auch den Ursprung des Treibens definieren: Afrika.
19, rue des Vignes, T 06 83 18 73 66, https://chez-aka.business.site, Tram C St-Michel, Do–So 20–1.45 Uhr, Dinner und Musik 12 €

....
EXPERIMENTIERFREUDIG UND UNGEWÖHNLICH
....

Unentschieden zwischen Stühlen
Le Taquin 🕐 F 12
Taquiner heißt necken, *taquineries* sind süße Versuchungen, das Taquin ist zugleich Bistro, Weinstube und Cocktail-Club mit Workshops. Und der Barmixer des Hauses hat schon TV-Erfahrung als ebenso begabte wie komische Nummer. Die Tagesauswahl an Speisen ist gering, das Erlebnis aber groß, zumal die Gerichte in raschem Turnus wechseln. Besonderer Wert wird auf erlesene Lieferanten gelegt.
1, quai Ste-Croix, T 05 56 78 97 10, http://letaquin.com, Tram C Ste-Croix, Di–Sa 12–15, 19–0 Uhr, Menü ab 27 €

Wie bei Seiner Heiligkeit
Le Shambhala 🕐 Karte 2, E 4
Direkt aus Lhasa hat es den Chef nach Bordeaux verschlagen, wo er in einem Gewölbekeller der Altstadt einen Hauch von Tibet etablierte. Auch wenn das asiatische Land nicht gerade als Gemüseparadies bekannt ist, erhält man auf Anfrage auch vegetarische und glutenfreie Kost. Ansonsten prägen bei bestem Service würzige Fleischgerichte die Karte.
3, rue Ausone, T 05 56 01 05 01, www.restaurantleshambhala.fr, Tram A Place du Palais, Di–Do und So 12–14.30, 19–22.30, Fr/Sa 12–14.30, 19–23 Uhr, Menü ab 25 €

Coworking-Tee
Le Buro des Possibles 🕐 E/F 12
Stecker rein, los geht's. Man kann sich stundenweise ins Sofabüro einmieten, in der Leseecke lümmeln oder im Caféreich Hausgemachtes von Bio-Qualität

Satt & glücklich

Quentin Hélène rührt im Restaurant Le Taquin den Kochlöffel beim Herzhaften, Mitstreiterin Marie Le Cossec ist für Süßes zuständig.

servieren lassen. Den Laden schmeißt ein Damentrio, das fast ausschließlich Vegetarisches zubereitet und enorm viel Spaß an der Sache hat.
2, rue Planterose, T 05 33 05 74 81, www.leburodespossibles.fr, Tram C St-Michel, Mo–Fr 9–19, Sa 10–18, So 11–15 Uhr, Brunch 22 €

Schaf, Ziege, Kuh
La Meule du Berger ❶ Karte 2, D 3
Die Küsten Aquitaines sind gar nicht so sehr Käseland, da muss man schon ein gutes Stück landeinwärts fahren. Aber mit La Meule spielt das Restaurant ohnehin auf eine viel weiter entlegene Gegend an, nämlich Savoyen. Fondue und Raclette nach Alpentradition bringen Abwechslung in den Stadtgenuss.
30, rue St-Rémi, T 05 56 52 61 33, www.lameuleduberger-bordeaux.com, Tram C Place de la Bourse, tgl. 11.45–14.45, 18.45–22.45 Uhr, Menü ab 20 €

Das Koch-Schuften
L'Atelier des Chefs ❶ C 10
Auch so geht Selbstversorgung: Stellen Sie sich neben einem der großen Bordelaiser Küchenchefs an den Herd und erlernen seine Tricks, die zur großen Mahlzeit führen. Kurse vom Schnellgericht bis zum mehrgängigen Menü.
25, rue Judaïque, T 05 56 00 72 70, www.atelierdeschefs.fr, Tram B Gambetta, ab 17 €/Pers.

Reinschmecken und staunen
Adey Abeba ❶ D 12
Was sich hinter dem Restaurantnamen oder Gerichten wie Ye gomen wot verbirgt, liegt am Horn von Afrika und ist gastronomisch noch kaum etabliert: Äthiopien. Exotisch, würzig, preiswert.
83, cours Aristide Briand, T 06 23 92 03 33, www.restaurant-ethiopien-33.com, Tram B La Victoire, Di–Sa 12–14, 19–22.30 Uhr, vegetarischer Probierteller 13 €

Stöbern & entdecken

DIE MARKTLAGE

Marché St-Pierre: Place St-Pierre, Do 7–14 Uhr, regionale Öko-Produkte
Marché des Quais: Quai des Chartrons, So 7–13 Uhr, Bio- und Agrarprodukte
Quai des Marques: Quai des Chartrons, tgl., Outletware
Marché Chartrons: Rue Sicard, Di–Sa 7–13 Uhr, Obst und Gemüse
Marché des Grands-Hommes: Place des Grands-Hommes, Mo–Sa 10–19.30 Uhr, Einkaufszentrum mit Supermarkt
Mériadeck et Les Passages: 57, rue du Château d'Eau, Mo–Sa 10–20 Uhr, Einkaufszentrum
Marché des Capucins: Place des Capucins, Lebensmittelmarkt, openair tgl. 6–13 Uhr, überdacht Mo–Fr 6–13, Sa/So bis 14.30 Uhr
Les Halles de Bacalan: 10, esplanade de Pontac, Di–Fr 8–14.30, 16.30–20.30 (Do/Fr bis 22.30), Sa 8–22.30, So 8–17 Uhr, überdachter Lebensmittelmarkt

Jedem Tierchen sein Quartierchen

Golden, goldener, am goldensten – das Triangle d'Or ist ein Dreieck, in dem so gut wie alles über den Ladentisch wandert, was richtig Geld bringt. Stangenware, Modeschmuck oder auch nur einen Kiosk mit Zeitschriften und Getränken sollte man dort gar nicht erst suchen, es regieren die Adelsgeschlechter der Konsumindustrie. Aber es ist in Bordeaux sehr leicht, der Daumenschraube des Luxus aus dem Weg zu gehen. Von der Südostecke des Dreiecks knickt die **Rue Ste-Catherine** ab, die über 1,5 km Richtung Süden verläuft und alles bietet, was man sich auch mit geringer Barschaft leisten kann. Einen Markt mit frischen Lebensmitteln besitzt jedes Quartier, größere Supermärkte findet man aber fast nur in den Außenbereichen des Zentrums. **St-Michel** am einen und **Chartrons** am anderen Ende der Altstadt sind altgediente Adressen für den Antiquitätenkauf, teils mit sensationell seltenen, teuren oder auch billigen Angeboten. Sachkenntnis und Ausdauer bewahren davor, dort unter die Räder zu kommen. Risikoarm verläuft der Einkauf am **Quai des Marques,** wo Outletware unters Volk gebracht wird. Als vielleicht nicht logischer, aber gesunder Abschluss wartet am anderen Ufer der Garonne eine Verkaufshalle mit Bio-Produkten im Kreativdorf **Darwin.**

Wenn der junge Wein trinkbar ist, stellen die Händler von Chartrons ihren Trödel ins Freie

Stöbern & entdecken

BÜCHER UND MUSIK

Vinyl muss knistern
Diabolo Menthe Karte 2, C 4
Disquaires sagt man in Frankreich zu denen, die Musik noch auf Scheiben verkaufen. Viele sind es auch in den Großstädten nicht mehr. Diabolo Menthe schlägt sich tapfer seit 1996, organisiert jeweils im März und Oktober den Salon du Disque de Bordeaux und ist besonders fit bei An- und Verkauf von Vinyl.
30, rue Cheverus, T 05 56 81 33 02, www.diabolo-menthe-bordeaux.com, Tram A Ste-Catherine, B Hôtel de Ville

Schlagwort
Librairie Mollat Karte 2, B 3
Mit dem Gründungsjahr 1896 ist die Buchhandlung Frankreichs zweitälteste, doch gab es bereits seit 1845 einen Vorläufer in der Galerie Bordelaise, betrieben vom Cousin des Mollat-Gründers Albert. Die heutige Librairie befindet sich dort, wo Montesquieu seinen letzten Wohnsitz in Bordeaux hatte. Von anfangs 120 ist sie auf 2700 m² mit 15 Spezialabteilungen gewachsen. Man stöbert sich schwindelig und kann sich nicht des Eindrucks erwehren, dass eigentlich die doppelte Verkaufsfläche gerade ausreichend wäre.
15, rue Vital Carles/Ecke Rue de la Porte Dijeaux, T 05 56 56 40 40, www.mollat.com, Tram B Gambetta

Dichtung am laufenden Band
Librairie Olympique E 8
Bei so erdrückender Konkurrenz durch einen Platzhirschen kann der Rat an kleinere Buchhandlungen nur sein, sich zu spezialisieren. Olympique im Chartrons-Viertel geht dabei nicht den leichtesten Weg: Schwerpunkt ist dort die Poesie. Inhaber Jean-Paul Brussac besitzt darin eine solche Expertise, dass er den Anfang März stattfindenden Marché de la Poésie de Bordeaux ins Leben rief.
23, rue Rode, T 05 56 01 03 90, http://blogolympique.blogspot.com, Tram C Paul Doumer

SHOP DICH SCHLAPP PER APP

Größe 52 in Deutschland ist Größe was in Frankreich? Da geht's schon los. Der Umrechner auf der App **Bordeaux Shopping** ist nur eines der praktischen Werkzeuge, die einem das Shoppen hier einfacher machen. Man kann die aufgeführten Läden per GPS orten, sich aktuelle Schnäppchen vorstellen lassen, in fünf Sprachen durchs Menü tigern und eine Suche nach Markennamen starten. Ausgeklügelter als mit diesem Wegweiser durch die Einkaufswelt der Stadt Bordeaux geht es kaum.
www.bordeaux-shopping.com

Zum Amüsieren
La Zone du Dehors Karte 2, E 6
Science Fiction, Fantasy, Manga und Comic haben ihre Heimat in einem Laden, der zugleich Galerie, Café und Konditorei ist und von einem etwas schräg getakteten männlichen Dreigestirn betrieben wird.
68, cours Victor Hugo, T 09 82 23 27 78, http://lazonedudehors.fr, Tram A und C Porte de Bourgogne

Stöbern & entdecken

DELIKATESSEN UND LEBENSMITTEL

Kleiner Stinker
Jean d'Alos 🛍 Karte 2, B 2
Er ist der ungeschlagene Käsemann, hat alles und alles frisch und begeistert zudem durch ein Geschäft, in dem trotz Gründungsjahr 1983 noch etwas vom Geist des 19. Jh. schwebt. Die Verkäuferinnen tragen Trachten aus längst vergangener Zeit und begleiten Sie mit einem Weidenkorb, in den der Käse behutsam gebettet und dann zum Altar (alias Kasse) getragen wird, als sei es das Jesuskind.
4, rue Montesquieu, T 05 56 44 29 66, www.jeandalos-fromager.com, Tram B Grand Théâtre

Süß verkorkt
Jacques Pouquet – Bouchons de Bordeaux 🛍 A 1
Bouchon kann der Weinkorken oder auch ein Verkehrsstau sein. Die ›Bouchons de Bordeaux‹ dagegen erfand 1976 der Konditor Pouquet. Es handelt sich um eine Art Petit Four in Korkenform, aber aus Mandeln und Rosinen. Der Meister schuf auch die *guinettes*, Kirschen, deren Stiel aus dem Mantel von Armagnac und Schokolade ragt.
12, chemin de Bacchus, Bruges, T 05 56 43 06 06, www.bouchondebordeaux.com, Bus 73 Bacchus

Wie zu Kaisers Zeiten
Saunion 🛍 Karte 2, B 1
Die seit 1893 in der Stadt etablierte Chocolaterie führt exquisit Leckeres wie ›Kaviar‹ aus dunkler Schokolade, ferner eine Variante der bretonischen Niniches, kandierte Früchte und Gallien de Bordeaux, eine 1930 selbst kreierte Pralinensorte.
56, cours Georges Clemenceau, T 05 56 48 05 75, www.saunion.fr, Bus 2, 3, 4 u.a. Tourny

Bio bis unters Dach
Magasin Général – l'Épicerie
🛍 F 8/9
Brot und Gebäck, Obst, Gemüse, Käse, Wein, Wurst und Kosmetik führt das riesige Geschäft in der Caserne Niel. Fast sämtliche Artikel stammen aus nachhaltiger Produktion. Ein echtes Paradies für alle, die auf gesunde Ernährung achten. Im angeschlossenen Bistro gibt es Mahlzeiten aus den Erzeugnissen.
87, quai de Queyries, T 05 56 77 88 35, https://magasingeneral.camp, Bus 45, 50, 91, 92 Hortense

Guardare, provare, mangiare
La Bocca 🛍 E 8
Ein kleines Stück Italien mitten im Chartrons-Viertel. Angeboten werden handverlesene Produkte aus diversen italienischen Regionen, darunter Trüffel, Amarenakirschen, Pasta, Risotto, Saucen und Wein. Mittagessen und Gerichte zum Mitnehmen serviert die hauseigene Küche.
78bis, rue Notre-Dame, T 05 56 48 25 31, www.epicerielabocca.com, Tram B Chartrons

---
FLOH- UND STRASSENMÄRKTE

Alles und mehr
Brocante de Quinconces
🛍 Karte 2, D 1
Für je zwei Wochen im Frühjahr und im Herbst verwandelt sich die riesige Mehrzweckfläche seit 1968 in einen Marktplatz für Trödel und Antiquitäten. Mit gut und gern 250 Händlern darf man dort rechnen.
Esplanade des Quinconces, www.bordeaux-quinconces.com, Mitte April–Anf. Mai und Mitte Nov.–Anf. Dez. tgl. 10–19 Uhr, Tram B und C Quinconces

Variante in gedämpft
Les Puces Bordelaises
🛍 Karte 3, C 1
Der kleine Bruder des Quinconces-Markts bringt es auf nur etwa 150 Händler und kann auch nicht mit dem gleichen Ambiente dienen. Denn Austragungsort ist der moderne, viel schlichtere Parc des Expositions in Lac. Unterdessen wartet das Angebot regelmäßig mit Überraschungen auf.
Parc des Expositions, Cours Jules Ladourmegue, www.agora-evenements.fr, erstes Wochenende im März tgl. 10–19 Uhr, Tram C Parc des Expositions

Stöbern & entdecken

Vor, nach oder statt der Beichte
Brocante du Dimanche
🛍 Karte 2, F 6
Marktgeschehen rings um die Basilika St-Michel ist die Regel. Sonntags wird es aber besonders geschäftig, dann breiten fast 100 Händler ihren Trödel aus. Wenn nicht der Ware wegen, so lohnt der Besuch allemal wegen der Atmosphäre. Die Passage St-Michel (▶ S. 22) erweitert das Angebot um wertvollere Stücke.
Place Meynard und Place Canteloup, So 7–14 Uhr, Tram C St-Michel

Lagerhalle der Lüste
Entrepôt St-Germain
🛍 außerhalb F 14
Das Umfeld des Warenhauses ist ein wenig freaky: im Rücken bündelweise Bahngleise, an der Flanke ein tibetischer Tempel. Auf 1200 m² sind in dem Gebäude grandiose Möbel und Deko-Artikel der 50er- bis 90er-Jahre versammelt. Das Zeug ist so gut, dass manche Filmemacher dort Requisiten für ihre Sets mieten.
96, rue Amédée St-Germain, http://depotvente bordeaux.com, Mo 14.30–19, Di–Sa 10–12, 14.30–19, So 15–19 Uhr, Bus 10 Billaudel

GESCHENKE, DESIGN, KURIOSES

Für Dichter, Denker und Buchhalter
Bordeaux Stylos 🛍 Karte 2, C 2
Mitunter staunt man, womit Geschäfte sich über Wasser halten. Andererseits kann ein formschöner Füllfederhalter oder Kugelschreiber auch im digitalen Zeitalter noch begeistern. Seit 1933 verteidigt dieser Spezialist seinen noblen Standort.
3, cours de l'Intendance, T 05 56 52 22 69, www.bordeaux-stylos.fr, Tram B Grand Théâtre

Dekorative Hängepartie
Art Home Déco 🛍 Karte 2, B 3
Was Kunst ist, entscheidet sich oft erst nach langer Debatte – oder gar nicht. Sicher ist aber, dass es Menschen gibt, die sich als Künstler betrachten. Etwa 70 von ihnen bzw. deren Werke hat die Galerie und Artothek unter ihren Fittichen: lokale, bezahlbare und gefällige Kunst für die Sofaecke – ein gemaltes Stück Bordeaux.
24, rue Vital Carles, T 05 56 81 57 11, www.art-home-deco.com, Tram B Gambetta

Im Darwin am rechten Flussufer gibt es den Supermarkt für Ernährungsbewusste.

Stöbern & entdecken

Schuh-Show: Junge Mode hinter alter Fassade in der Galerie Bordelaise

Rollkommando
La Boutique Bordeaux
🛍 Karte 2, B 4 und E 4
Seit 2016 erledigt Clément das, was für Italiener Ehrensache ist: Er tingelt mit dem Lastenfahrrad durch Bordeaux und verkauft an touristischen Hotspots Souvenirs. Der Küchenmagnet ist ebenso dabei wie der Schlüsselanhänger, das T-Shirt ebenso wie die Tragetasche. Was den Bordelaiser Selfmade-Man vom italienischen Straßenhändler unterscheidet: Clément ist relativ zuverlässig an bestimmten Orten anzutreffen.
T 06 33 12 89 18, http://laboutiquebordeaux.com, Tour Pey-Berland: Di–Sa 10.30–13.30, 15–19, So 9.30–17, Porte Cailhau: Do–Sa 19–22.30 Uhr

Eins zu irgendwas
Verdeun Maurice 🛍 Karte 2, C 2/3
Verspielt muss man sein, sonst wird das nichts mit der Liebe. Der verstaubte Laden in der Galerie Bordelaise ist eines der letzten Eldorados, für die sich Herren und Knirpse gleichermaßen begeistern können. Maurice war erfolgreicher Radsportler, der nach Beendigung seiner Karriere den väterlichen Fahrradshop in ein Spezialgeschäft für Modellfahrzeuge verwandelte. Die Zeit blieb dort stehen, als sie den Verdacht hatte, dass die Zukunft keine geruhsamen Wege mehr gehen würde.
36, Galerie Bordelaise, T 05 56 81 63 18, Tram B Grand Théâtre

Quatsch, das volle Programm
W.A.N. 🛍 Karte 2, D 3
100 % Frankreich, wie es hier gehandelt wird, ist noch längst nicht 100 % Bordeaux, aber ein Anteil. Parfums, Taschen und Geschenkartikel stammen aus nationaler Produktion und sind, das muss man so eingestehen, 100 % nutzlos, was aber bei Geschenkartikeln nicht weiter verwundert. Die Skulptur aus einer ausrangierten Kaffeemühle ist ebenso verzichtbar wie der Zahnstocherhalter in Igelform – aber voll süß.
1, rue des Lauriers, T 05 56 48 15 41, www.wanweb.fr, Tram C Place de la Bourse

Stöbern & entdecken

MODE, ACCESSOIRES

Die Kaufhauslegende
Galeries Lafayette 🛈 Karte 2, C 3
Es ist die Adresse, von der jeder schon mal gehört hat. Das Pariser Traditionswarenhaus mit überbordendem Angebot besitzt aber auch eine Niederlassung in Bordeaux. Zwei sogar, um genau zu sein. Denn zum Haupthaus mit Damenmode kam nachträglich und gleich nebenan ein zweites Gebäude ausschließlich für Herren.
11–19, rue Ste-Catherine, Herren: 12, rue Porte Dijeaux, T 05 56 90 92 71, www.galerieslafayette.com/magasin-bordeaux, Tram B Grand Théâtre

Mutter und Tochter
Nice Things Paloma S.
🛈 Karte 2, B 3/4
Kleidung, Taschen und Schuhe für Anlässe, die eher Eleganz fordern. Die Besonderheit besteht darin, dass auch die ganz jungen Damen ihr Modebewusstsein entwickeln und ausleben können, so dass Shopping hier zum Familienerlebnis wird.
54, rue des Remparts, T 05 57 34 03 85, www.nicethingspalomas.com, Tram A und B Hôtel de Ville

Wie angegossen
L'Atelier 5 🛈 Karte 2, A 2
Maßanfertigung (beinahe) zum Preis von Stangenware – das ist erklärtes Ziel der Schneiderei, die die Ware nach Fertigstellung sogar zur Wunschadresse liefert. In den Genuss kommen aber nur die Langzeitgäste der Stadt, denn so schnell werden Anzug oder Hemd von Meisterhand nun auch nicht fertig.
15, rue Lafaurie Monbadon, T 05 56 44 21 72, https://latelier5.fr, Bus 2,3, 26 Gambetta

Für die Quote
Graduate 🛈 Karte 2, D 4
Zur Abwechslung auch mal Herrenmode. Zu finden sind neben etablierten Luxusmarken auch ungewöhnliche Stücke junger Modedesigner aus aller Welt.
63, rue du Pas-St-Georges, T 05 56 58 12 83, https://graduatestore.fr, Tram A Ste-Catherine

Farbe ins Grau
Sing Yam 🛈 C 10
Es existiert dieses Klischee, dass Afrikanerinnen und Afrikaner so manches an Farben und Designs tragen können, was einen Europäer entstellen würde. N'deye Senghor hat mit ihrer Marke Sing Yam ein Label gegründet, das die exotischen Reize in die hiesige Mode für Damen und Herren trägt, ohne zu überfordern.
49, rue Judaïque, T 06 61 31 31 32, http://singyam.free.fr, Bus 1, 16 Marionneau

Aus dem vergangenen Jahrhundert
Elsa Pop Vintage 🛈 F 12
Das Prozedere ist etwas eigen, aber der Aufwand lohnt sich. Man muss telefonisch einen Termin vereinbaren und hat dann Gelegenheit, sich durch die Jahrzehnte zu stöbern. Der Laden hat alles an Mode, was einst cool war und heute schrecklich wirkt – oder umgekehrt. Wenn man schon nichts Tragbares findet, dann vielleicht etwas für die nächste Kostümparty.
74, rue Camille Sauvageau, T 06 63 22 57 04, auf Facebook, Tram C St-Michel

Trendy Trends, stylish vom Stil her
Vintage Paradise 🛈 Karte 2, C 4
Schnell noch ein Holzfällerhemd? Luftiges Hawaii-Shirt oder bärige Fellweste? Vintage in echt geht zwar etwas anders, schmunzeln zumindest in Teilen mit tatsächlich alter Ware, aber hier findet man zumindest den Stil dessen, was es einst so gab. Über den hohlen Sprech der Modewelt muss man da mal hinwegsehen.
2, rue Tustal, T 05 57 30 92 85, auf Facebook, Tram A Ste-Catherine

Kleider finden Leute
Trafic 🛈 Karte 2, C 4
30 Prozent auf alles – diesen Anteil vom Erlös zahlt Ihnen Trafic für Ihre Second-Hand-Kleidung, die im Laden verkauft wird. Umgekehrt bekommen Sie dort Mode, Taschen, Schmuck und Schuhe – oft ausgefallen, oft preiswert, selten beides.
73, rue du Loup, T 09 73 57 68 54, http://traficshop.fr, Tram A Ste-Catherine, B Hôtel de Ville

Hat sich was mit Haifischbar

Herkunft? Hafen. So sehr die Transformation der Stadt und die Weichenstellung für die Zukunft geglückt sind, so wenig hat man doch von dem retten können, was ehedem Flair und Lebensgefühl des Hafens ausmachte. Während sich Hamburg eine Reeperbahn für die Nachwehen des einstigen Milieus gönnt, hat Bordeaux den Quai de Paludate als ehemalige Ausgehmeile von See- und Sehleuten systematisch trockengelegt. Bars und Clubs liegen dort begraben unter den imposanten Neubauten des Dienstleistungsgewerbes. Einen Ersatz für die Nachtszene alter Form gibt es nicht, kann es mangels historischer Unterfütterung nicht geben. Die einschlägigen Adressen sind heute über das Stadtgebiet verteilt. Von der Bar zur Disco, vom Kino zum Konzertsaal ist also stets ein Stück Weg zurückzulegen, was Tram, Bussen und Taxis genügend nächtliche Kunden zuspielt. Angenehm: Marodierende Horden trinkfreudiger Thekenbummler wie etwa in der Düsseldorfer Altstadt muss in Bordeaux niemand ertragen. Und doch pulsiert es nachts in den Straßen, nur eben auf gehobenem Niveau. Man folgt einer bewährten Zeremonie: Nach ausgiebigem Essen im Freien geht es in eine Bar nebenan, von dort in die Disco oder Musikkneipe ein Stück weiter und zum Abschluss, weil man auf einem Bein nicht stehen kann, nochmals in die Bar.

ZUM SELBST ENTDECKEN

Um sich den Abend nicht gänzlich durch Fehlorientierung und erfolglose Suche nach versteckten Hotspots zu verderben, trödelt man zum Einstieg einfach mal von der Place de la Bourse Richtung Cours Victor Hugo. Irgendwas wird dort schon das Interesse wecken. Weiter südlich legt das Viertel um **St-Michel** noch eins drauf, ist aber nicht unbedingt für ängstliche Naturen geeignet. Die werden wahrscheinlich mehr Gefallen an **Chartrons** und dem neuen Szenetreff **Bacalan** finden. Die schwul-lesbische Klientel sollte sich möglichst im Internet auf den Bummel vorbereiten und dort ihre Favoriten aufpicken, bevor es ans Eingemachte geht: www.gayviking.com/la-vie-gay-a-bordeaux.

Mama Shelter gibt einen aus – aber nur für zahlende Gäste, dafür lecker.

Wenn die Nacht beginnt

BARS UND KNEIPEN

Auf Vertrauen und Bier gebaut
TheCITY ✪ Karte 2, A 2
Menüpreis nach Selbsteinschätzung ist das Konzept im Haus. Nun hängt auch in Frankreich der echte Gewinn an den Getränken. Deren Preis regelt sich über die Nachfrage und wird jeweils stundenaktuell auf Displays angezeigt.
21, rue du Palais Gallien, T 05 56 52 39 51, auf Facebook, Di 17–0, Mi 17–1, Do/Fr 17–2, Sa 16–2, So 16–0 Uhr, Bus 2, 3, 26 Gambetta

Abendmahl bei Bacchus
Aux Quatre Coins du Vin
✪ Karte 2, D 3
Von der Straßenbahnhaltestelle fällt man fast in die Weinstube, was vor allem nach dem Besuch vorteilhaft sein kann. Das feuchte Angebot ist durchaus nicht auf das Bordelais beschränkt, vielmehr findet man Weine aus aller Welt in einer Fülle, wie man sie von deutschen Bars kaum kennt. Die erforderliche Basisarbeit erfolgt mit Käse- und Wurstplatten.
8, rue de la Devise, T 05 57 34 37 29, http://aux4coinsduvin.com, Mo/Di 18–0, Mi–Sa 18–1 Uhr, Tram C Place de la Bourse

Ein Hauch olé
Bodega Bodega ✪ Karte 2, D 2/3
Mit Tapas, Cocktails und Sangria ist die Grundstimmung für einen spanischen Abend gelegt. Musik und Tanz bis etwa an den Rocksaum von Flamenco runden das Vergnügen ab. Als Speiselokal angesichts der Lautstärke und des untertourig werkelnden Personals weniger zu empfehlen, als Amüsierkneipe hingegen tauglich.
4, rue des Piliers de Tutelle, T 05 56 01 24 24, www.bodega-bodega.fr, Mo–Sa 9–15, 17–2 Uhr, Tram C Place de la Bourse

Jean statt James Joyce
Pub St-Aubin ✪ E 12
Fata Morgana oder falscher Film? Wenn nicht alles täuscht, trug der Kellner eben einen Kilt und hatte schaumlose Pints auf dem Tablett. Schottisch sei der Pub dennoch nicht, heißt es, sondern irisch mit »French Touch«. Das Club Sandwich Glasgow vermag daran nichts zu ändern, der leider recht langsame Service auch nicht. Es bleibt die gute Lage und eben Pint statt Demi.
5/6, place de la Victoire, T 05 56 91 28 15, www.pub-saint-aubin.fr, tgl. 7–2 Uhr, Tram B Victoire

Ein bisschen Rot tut gut.

Garten der Lüste
Salon Xanadu ✪ D 9
Kneipe, Bar, Pub suggerieren immer das Bild vor Theke und vielleicht dunklem Keller. Der gesellige Abend im stilvollen Garten kann aber (trotz angestrengt unkonventioneller Öffnungszeiten) eine Alternative sein. Ein Pavillon aus dem 19. Jh. widmet sich mit Sonderveranstaltungen Themen der Kunst und der Literatur.
22, cours du Maréchal Foch, T 05 56 01 18 88, https://baravinbordeaux.com, Mi 15–22, Do 17–22, Fr 17–22.30, Sa 15–22.30, So 15–21 Uhr, Tram C Jardin Public

Für Kellerkinder
Levrette Café ✪ Karte 2, D 3
130 Biersorten aus aller Welt sind schon mal Wohlfühlgarantie für Enthusiasten. Die Stimmung im einstigen Weinlager steht deutlich unter dem Eindruck des imposanten Gewölbes, das den Raum überspannt. Darunter wird nicht nur getrunken, sondern oft auch Party nach Themen gemacht: Ski, Rock oder auch Québec.
6–8, rue de Mérignac, T 05 56 52 04 23, www.levrettecafe.fr/bordeaux, Di 17–1, Mi–Sa 17–2, So 11.30–18.30, Tram C Place de la Bourse

Wenn die Nacht beginnt

LIVEMUSIK ZUM GETRÄNK ...

Besuch beim Beelzebub
L'Antidote ☼ E 12
Die Bar hat einen Keller, der als Keimzelle des Untergrunds durchgehen könnte. In feucht-stickiger Atmosphäre treten dort Musiker von teils verwegener Ausrichtung auf. Ein Erlebnis eigener Art, wenn auch nicht immer künstlerisch wertvoll.
13bis, rue Elie Gintrac, T 07 69 14 89 96, auf Facebook, Di/Mi 18.30–0, Do–Sa 18.30–2 Uhr, Tram B Victoire

Jazz, Wein, Käse
Chez Le Pépère ☼ Karte 2, A 3
Absinth und Weine sind die flüssigen Markenzeichen der Bar, die zudem mit Snacks und Themenabenden punktet. Improvisationstheater am Mittwoch wechselt mit Open Swing am Donnerstag oder Jazz am Dienstag.
19, rue Georges Bonnac, T 05 56 44 71 79, www.chezlepepere.com, Mo 11–18, Di–Sa 17–1.30 Uhr, Tram A Mériadeck

Funk, Soul und Harlem Shuffle
Apollo Bar ☼ Karte 2, D 4
Ihren Namen trägt die Bar nach dem großen Vorbild in Harlem. Für manche ist ihr Billardtisch die Hauptattraktion. Andere trinken dort das erste und das letzte Bier des Abends, um zwischendurch andere Lokalitäten heimzusuchen. Livemusik gibt es nur einmal im Monat, dann aber auf feinstem Niveau.
19, place Fernand Lafargue, T 05 56 01 25 05, http://apollobar.fr, Mo–Sa 11.30–1.30 Uhr, Tram A Place du Palais

Plüsch für Mr. Bojangles
BB 25 ☼ Karte 2, D 5
Auf dem Sofa vom Sperrmüll lümmelt es sich gut zu Musik vom DJ oder Alleinunterhalter. Jams, Rudelsingen, gemeinsame Ermittlungen an Krimi-Abenden oder auch mal eine Milonga locken ebenso in die Kneipe, die allerdings schnell voll ist. Denn Geheimtipps haben die Eigenschaft, alles andere als geheim zu bleiben.
25, rue Bouquière, T 05 56 06 80 95, http://bbvingtcinq.strikingly.com, Mi–Sa 23–4 Uhr, Tram A Place du Palais

Berühmt-berüchtigt
Quartier Libre ☼ F 12
Konzerte, Lesungen und Theater stehen quasi als Empfangsdame an vorderster Front. Dahinter verbirgt sich ein Restaurant. Chef Bertrand Cantat war Frontmann der Rockband Noir Désir, als er in einem Streit seine Lebensgefährtin, die Schauspielerin Marie Trintignant,

---

KINOS

Damit das klar ist: Wer mit dem Französischen noch auf Kriegsfuß steht, tut sich den größten Gefallen damit, allenfalls im Hotel mal durch die TV-Programme zu zappen. Die anderen sollten wissen, dass auch die Grande Nation des Cinéma viele ihrer Ideale verscherbelt hat. Das **Mégarama** als größtes Kino in Bordeaux macht die Sache deutlich: Alle 17 Säle im umgenutzten Bahnhof Gare d'Orléans ziehen Mainstream vor (7, quai des Queyries, ☐ F 10, http://bordeaux.megarama.fr, Tram A Stalingrad). Premieren in Anwesenheit der Crew sowie Filme in nicht-französischen Sprachen locken ins **UGC Ciné Cité** (13–15, rue Georges Bonnac, ☐ Karte 2, A 3, www.ugc.fr, Tram B Gambetta). Kinos, die man allein ihrer Architektur wegen lieben könnte, sind das **Méga CGR Le Français** in einem ehemaligen Theater (9, rue Montesquieu, ☐ Karte 2, B 2, www.cgrcinemas.fr/lefrancais, Tram B Gambetta) und das **Utopia** in der profanierten Kirche St-Siméon (5, place Camille Jullian, ☐ Karte 2, D 4, www.cinemas-utopia.org/bordeaux, Tram A Ste-Catherine).

Wenn die Nacht beginnt

Ein Stückchen Harlem in Bordeaux: die Apollo Bar

erschlug. Nach der Haft machte er mit dem Quartier Libre und der Band Détroit einen Neuanfang.

30, rue des Vignes, T 05 40 24 61 01, www.quartierlibrebordeaux.com, Di–Sa 17.30–2 Uhr, Tram C St-Michel

... UND AUF GROSSER BÜHNE

Seinen Platz als großer Aufsteiger des 21. Jh. hat sich Bordeaux längst gesichert. Zumindest im Ausland ist aber kaum bekannt, dass die Stadt auch als Top Act für Rockmusik und Pop, teils auch für Jazz gehandelt wird. Ausgehadressen im Grünen wie Rocher de Palmer (▶ S. 81) und Le Caillou (▶ S. 64) haben daran ihren Anteil. Hinzu kommen leistungsfähige Hallen und Openair-Bühnen von traumhafter Vielfalt.

Arena der Welt
Matmut Atlantique ☼ Karte 3, C 1
Das Stadion ist nicht alt, erst 2016 zur Fußball-EM eröffnet. Seine 42 000 Plätze erschlossen auch dem Musikleben der Stadt neue Welten. Gast eines der ersten Großkonzerte war 2017 Céline Dion.

Cours Jules Ladoulègue, T 05 56 17 58 00, www.matmut-atlantique.com, Tram C Parc des Expositions

Kunst und Kufen
Patinoire Mériadeck ☼ B 12
Dem Eishockeyteam Les Boxers steht mit diesem 1981 eröffneten Patinoire eine der besten Olympiahallen Frankreichs zur Verfügung. Auch die Öffentlichkeit darf dort trainieren oder von September bis Mai mit dem Eiskart über die Bahn flitzen. Auch bekannt als Austragungsort für Konzerte und Shows.

95, cours du Maréchal Juin, T 05 57 81 43 81, www.axelvega.com/patinoire, Tram A Hôtel de Police

Bestes hinter Beton
Le Pin Galant ☼ Karte 3, B 2
Zur Eröffnung kam Rampensau Charles Aznavour. Das war im Januar 1989. Seither haben Größen aus fast allen Sparten der Musikbranche vorbeigeschaut: Montserrat Caballé, Georges Moustaki, Stomp. Aber Theater, Varieté, Literatur und Tanz finden ebenso ihren Platz in dem äußerlich reizarmen Haus.

34, avenue du Maréchal de Lattre-de-Tassigny, T 05 56 97 82 82, www.lepingalant.com, Tram A Pin Galant

Wenn die Nacht beginnt

Seemann, deine Heimat ist nicht das Meer: das I.Boat mit Disco auf einem Bassin.

Gimme Shelter
Rock School Barbey ✪ F 13
Diese große Kaderschmiede der U-Musik hat ihren gewaltigen Anteil daran, dass Bordeaux zu den unvermeidlichen Zentren der französischen Rockmusik gerechnet wird. Für Schüler, Ex-Schüler und überhaupt steht die hauseigene Bühne bereit.
18, cours Barbey, T 05 56 33 66 00, www.rockschool-barbey.com, Tram C Tauzia

Blick in die Zukunft
Rock et Chanson ✪ Karte 3, C 3
Musikpädagogik ist der Schwerpunkt, Rock und Chanson die musikalische Ausrichtung. Aus dem Dunstkreis dieser Stätte gingen bereits viele französische Größen der Bühne hervor. Im Konzertsaal des Hauses kann man angehende Stars der Branche erleben.
181, rue François Boucher, Talence, T 05 57 35 32 32, www.rocketchanson.com, Bus 20, 34 Racine

Preise drücken
Krakatoa ✪ Karte 3, B 2
Bis zu 1200 Besucher fasst der 1990 eröffnete Konzertsaal, in dem jährlich rund 50 Konzerte diverser moderner Stilrichtungen stattfinden. Zur Politik gehört es, dass die Eintrittspreise bezahlbar bleiben. Möglich wird es durch Sponsoren wie auch schlicht dadurch, dass die auftretenden Künstler nicht der allerhöchsten Liga angehören. Spaß und gute Musik sind dennoch garantiert.
3, avenue Victor Hugo, Mérignac, T 05 56 24 34 29, www.krakatoa.org, Tram A Peychotte

....
TANZEN
....

Methusalems Club
Le Monseigneur ✪ Karte 2, C 1/2
Die älteste Disco der Stadt, eine der wenigen im Zentrum, von daher bequem mit der Straßenbahn erreichbar. Die Musik der 70er bis 90er stellt die Weichen für das Publikum, das ungefähr von Hochschulabschluss bis Frührente reicht.
42, allée d'Orléans, T 06 87 75 07 80, www.lemonseigneur.com, Mi–Sa 23–7 Uhr, Tram B und C Quinconces

Kein Pflaster für hemdsärmelig
Black Diamond ✪ Karte 2, C 2
Damit das mal ganz klar ist: Der

Wenn die Nacht beginnt

Türsteher lässt nicht jeden rein. Ein wenig elitär erscheint das Black Diamond schon, aber genau das dürfte vielen Gästen durchaus gefallen. Für andere wiederum sind Arroganz und Preisniveau schwer erträglich. Aber die sehr geteilten Ansichten können fast als Charakteristikum für die Disco-Szene der Stadt gelten.

5, cours de l'Intendance, T 05 55 63 03 90, auf Facebook, Do–Sa 12.30–5 Uhr, Tram C Place de la Bourse

Tanz und Musik im Schlepptau
I.Boat F/G 5

Die schwimmende Disco auf den Bassins à flot ist zugleich Restaurant und Konzertsaal. Vom Holzdeck schaut man aufs Wasser und auf den alten U-Bootbunker der Deutschen.

Bassins à flot 1, Quai Armand Lalande, www.iboat.eu, Mi–Fr 11.30–6, Sa 19–6, Mo 12–14, Di 12–14, 19–0 Uhr, Tram B Bassins à flot

Mit High Heels auf die Planken
La Dame G 6

Als Schwesterschiff des I.Boat nicht wirklich fair beschrieben, aber das Konzept besitzt doch auffällige Parallelen. Nur dass La Dame deutlich feiner daherkommt. Die Gäste übrigens auch.

Bassins à flot 1, Quai Armand Lalande, https://ladamebordeaux.com, Do/Fr 22–2, Sa 0–6 Uhr, Tram B Bassins à flot

Mucho caliente
Calle Ocho Karte 2, C 3

Cuba, Salsa und tanzende Schönheiten in leichter Kluft, nur eben in Bordeaux. Und die achte Straße (Calle Ocho) befindet sich eigentlich in Little Havanna, Miami. Stimmungsvolles Crossover inszeniert das Café Cubano seit 1996 an der Garonne.

24, rue des Piliers de Tutelle, T 05 56 81 89 99, http://www.calle-ocho.eu, Mo–Sa 17–1.45 Uhr, Tram C Place de la Bourse

---

THEATER

Grand Théâtre Karte 2, C 2

Dem imposanten Äußeren des Hauses entspricht ein prachtvoller Hauptsaal, zu erleben bei Opernaufführungen, Ballett und Konzerten des Orchestre National Bordeaux Aquitaine. Offiziell heißt der Kulturtempel mittlerweile Opéra National de Bordeaux.

Place de la Comédie, T 05 56 00 85 95, www.opera-bordeaux.com, Führungen Sept.–Juni Mo–Fr 14.30, 16, 17.30 Uhr, 6 €, Tram B Grand Théâtre

L'Auditorium de l'Opéra National Karte 2, A 2

Seit 2013 hat das Orchestre National zusätzlich eine Bühne im Auditorium, wo 1440 Plätze zur Verfügung stehen. Auch Stars wie Lang Lang traten dort schon auf.

9–13, cours Georges Clemenceau, T 05 57 78 41 19, www.opera-bordeaux.com/auditorium-national-opera-bordeaux, Tram B Gambetta, C Quinconces

Fémina Karte 2, B 3

Mit seinem Gründungsjahr 1921 garantiert das Fémina Theateratmosphäre im italienischen Stil. Nach langer Nutzung als Kino gibt es seit 1976 wieder Schauspiel, Varieté, Operette und Konzerte. Beth Hart, Katie Melua und Fado-Künstlerin Mariza standen schon auf dieser Bühne.

10, rue de Grassi, T 05 56 48 26 26, www.theatrefemina.fr, Tram B Grand Théâtre

Théâtre National de Bordeaux en Aquitaine F 12

Vergessen Sie die Avantgarde, dies ist die Avantgarde. In einer Zuckerraffinerie des 19. Jh. neben der Kirche Ste-Croix bringt das Nationaltheater seit 1990 Klassisches und Modernes auf die Bühne – und nun eben immer mehr Ultramodernes. Es kam schon vor, dass eine splitternackte Schauspielerin vor Publikum zielstrebig jene Bretter einnässte, die die Welt bedeuten.

3, place Pierre Renaudel, Karten: T 05 56 33 36 80, www.tnba.org, Tram C Ste-Croix

Hin & weg

ANKUNFT

Vom Flughafen Mérignac ins Zentrum
Shuttle-Bus: Der Aéroport International de Bordeaux liegt 12 km westlich der Innenstadt in Mérignac (T 05 56 34 50 50, www.bordeaux.aeroport.fr). Ein Zubringerbus verkehrt alle 30–60 Min., Fahrtdauer 30–45 Min. Erster Bus ab Gare St-Jean ca. 6.45 Uhr, ab Flughafen (Halle B) ca. 7.40 Uhr (an Wochenenden und im Winter jeweils ca. 1 Std. später). Die einfache Fahrt kostet 8 €.
Tram: Knapp 5 km sind es vom Flughafen zur nächstgelegenen Straßenbahnstation Quatre Chemins. Von dort fährt die Linie A zur Porte de Bourgogne im Zentrum der Stadt und weiter nach La Bastide am anderen Flussufer.
Taxi: Für die Fahrt in die Innenstadt ist je nach Tageszeit mindestens mit ca. 35 € zu rechnen (T 05 56 97 11 27).

INFORMATIONEN

Office de Tourisme: 12, cours du XXX Juillet, 33080 Bordeaux, T 05 56 00 66 00, www.bordeaux-tourisme.com; Filialen am Bahnhof St-Jean (Espace Modalis, T 05 56 00 60 00) und am Flughafen.

INFOS IM INTERNET

https://de.france.fr/de: Atout France, die Französische Zentrale für Tourismus, ist Dreh- und Angelpunkt aller touristischen Belange in Frankreich. Die Internetseite berücksichtigt aber auch intensiv die einzelnen Regionen und die großen Städte, darunter eben auch Bordeaux.
www.aquitaine.visite.org: Die mehrsprachige Seite zur gesamten Region Nouvelle-Aquitaine verbindet umfangreiches Informationsmaterial mit einer interaktiven Karte, Wetterbericht, Kultur- und Veranstaltungstipps, Hotel- und Restaurantempfehlungen.
www.bordeaux2030.fr: Bordeaux' vorbildlicher Plan zur Stadtentwicklung bis 2030 erscheint auf dieser Seite im detaillierten Überblick.
www.sudouest.fr: Reportagen und aktuelle Nachrichten über die Region auf der Internetseite der bedeutendsten Tageszeitung Südwestfrankreichs.
https://pteapotes.wordpress.com: England, Tee und Robbie Williams haben zwar Lydies Herz erobert. Aber sie ist Lokalpatriotin genug, um ihr Bordeaux gründlich zu durchforsten. Die Fundstücke landen in einem glänzenden, ellenlangen Blog der Schreiberin.
http://invisiblebordeaux.blogspot.com: Wenn das richtig eingemachte Insiderwissen der Stadtszene gefragt ist, liefert dieser Blog Handfestes. Dass er in englischer Sprache verfügbar ist, wird vielen Reisenden willkommen sein.

REISEN MIT HANDICAP

Die Internetseite der Association des Paralysés de France (APF) **www.apf-francehandicap.org** gibt auch Auskunft über Hilfe auf Reisen.

SICHERHEIT UND NOTFÄLLE

Allgemein ist die Sicherheitslage in der Stadt sehr gut. Rings um das Bahnhofsviertel fühlt man sich vielleicht nicht gar so wohl, vor allem nachts, aber die Sorge ist weitgehend unbegründet. Wer mit dem Auto angereist ist, sollte den Wagen trotz allem lieber in Hotelgarage oder Parkhaus abstellen und keine Wertsachen darin zurücklassen. Der eigene Wagen wird für den Stadtbesuch ohnehin nicht benötigt. In sehr prekären Notfällen (und nur dann) stehen die **diplomatischen Vertretungen** zur Verfügung:

Hin & weg

Radeln oder sich lieber radeln lassen per Velotaxi?

Deutsche Botschaft: T 01 53 83 45 00, https://allemagneenfrance.diplo.de
Österreichische Botschaft: T 01 40 63 30 63, www.bmeia.gv.at/oeb-paris
Schweizer Botschaft: T 01 49 55 67 00, www.eda.admin.ch

Ärztlicher Bereitschaftsdienst in Städten/Erste Hilfe: T 15
Notruf per Handy europaweit: T 112
Polizei: T 17
Feuerwehr: T 18
ADAC-Notruf, Frankreich: T 04 72 17 12 22 (deutschsprachig)
ADAC-Notruf, München: T 0049 89 22 22 22 (auch für Nicht-Mitglieder)
AIT-Assistance (franz. Pannenhilfsdienst): T 08 00 08 92 22 (kostenlose Rufnummer, auch deutschsprachig)
Sperrung von Handys, Bank- und Kreditkarten: T 0049 116 116
Auskunft: T 12

UMWELTFREUNDLICH UNTERWEGS

Anreise

Hop!, Tochtergesellschaft der Air France, fliegt in 2 Std. nonstop von Düsseldorf nach Bordeaux. Hin- und Rückflug kosten ab ca. 100 €. Infos T 0892 70 22 22, www.hop.com. Doch auf das Flugzeug sollte man aus Gründen der Umweltverträglichkeit eher verzichten, ebenso auf ein Kreuzfahrtschiff. Nach Möglichkeit ist dem eigenen PKW auch Bus oder Bahn vorzuziehen. Der Schnellzug TGV benötigt nur noch 2 Std. von Paris Gare Montparnasse bis Bordeaux. Hinzu kommt allerdings die Anreise nach Paris und dort das lästige Umsteigen zwischen den Bahnhöfen. Die Strecke Köln–Paris–Bordeaux kostet in der 2. Klasse ab 35 € für Frühbucher (www.sncf.fr). Die Fahrt mit Fernbussen von Flixbus (www.flixbus.de) ist etwa gleich teuer, dauert aber mindestens 16 Std. Rund 1200 km müssen Autofahrer zwischen Köln und Bordeaux zurücklegen, allein die Autobahngebühr beläuft sich auf mindestens 70 €.

Stadtverkehr

Mit klugen Stadtumgehungen, einem perfekten Straßenbahn- und Busnetz sowie einem automatisierten Fahrradverleih ist es Bordeaux gelungen, den Autoverkehr weitgehend aus der Stadt zu verdrängen. Wer mit dem PKW anreist, lässt das Fahrzeug im Hotel. Kurzbesucher parken günstig am rechten Garonne-Ufer. Über den Pont de Pierre ist es nur ein kurzer Weg zu Fuß in die City.

Hin & weg

Tram: Drei Linien der Straßenbahn erschließen das Stadtgebiet. Linie A fährt von Mérignac über Mériadeck nach Floirac und Lormont auf der anderen Garonne-Seite. Linie B startet in Claveau, um über Quinconces und durch die Rue Ste-Catherine in den südlichen Stadtteil Pessac zu steuern. Linie C fährt von Les Aubiers über Quinconces und entlang der Quais zur Gare St-Jean und nach Bègles. Netz und Fahrpläne (auch Busse) unter: www.infotbm.com. Ein Tagesticket für die Tram, auch gültig für Busse, kostet 4,70 €, für sieben Tage 13,70 €. Den Einzelfahrschein gibt es für 1,70 €.

Bus: In der Stadt sind zwischen 5 und 21 Uhr über 60 Buslinien im Einsatz, einige Nachtbusse fahren bis 0.30 Uhr. Preise der Tickets s. Tram. Verkauf: 9, place Gambetta; Pavillon des Quinconces, cours du XXX Juillet; Gare St-Jean; www.infotbm.com. Für die touristisch relevanten Stadtgebiete ist die etwas bequemere Tram in der Regel das günstigste Fortbewegungsmittel. Nur wenige abgelegene Ziele, u.a. einige Hotels und Restaurants, lassen sich einfacher bzw. überhaupt nur mit Bussen erreichen. Die jeweilige Linie ist im Buch genannt.

Fahrrad: Starten kann man an knapp 200 Stationen im Stadtgebiet. Dort stehen sicher verschlossen fast 2000 Fahrräder des Verleihs V3 (gesprochen VCube), den das ÖPNV-Unternehmen TBM betreibt. Per Kreditkarte öffnet man das Schloss, abgebucht werden für 24 Std. 1,70 €. Stellt man das Rad für eine Unterbrechung an einer Station ab, setzt man die Reise fort, indem man einen Zugangscode und einen vierstelligen Geheimcode eingibt. Stationen gibt es jeweils in maximal 300 m Entfernung von einer Tram-Haltestelle (www.infotbm.com/fr/mode/v3).

Taxi: Am Flughafen, Bahnhof und auf großen Plätzen finden Sie leicht ein Taxi. Der Kilometerpreis liegt je nach Tageszeit bei 1,50–3,10 € (nur Hinweg) oder 0,85–2,00 € (Nutzung auf Hin- und Rückweg). Mindesttarif 7,00 €. Gepäckstücke werden gegen Aufpreis befördert. T 05 56 29 10 25, www.taxiphonebordeaux.fr.

STADTRUNDFAHRTEN UND FÜHRUNGEN

Bootsrundfahrten: Sehr zaghaft wird die Garonne im Stadtbereich wieder für den Bootsverkehr erschlossen. Mit drei Kähnen besitzt das Unternehmen Burdigala inzwischen eine kleine Flotte für Hafenrundfahrten und auch längere Touren auf Garonne und Gironde, teils mit Verpflegung an Bord (Ponton gegenüber 7, quai de Queyries, T 05 56 49 36 88, www.croisieresburdigala.

Oben ohne: Der Panoramabus verknüpft eine Stadtrundfahrt mit der Leichtigkeit des Seins.

fr). Ab Ponton de la Cité du Vin bietet Bordeaux River Cruise vergleichbare Trips an (T 05 56 39 27 66, https://bordeaux-river-cruise.com).

Sightseeing-Bus: Visiotour heißt das Programm von Bordeaux Citytours, das ab Office de Tourisme (12, cours du XXX Juillet) zu Rundfahrten im Panoramabus startet (April–Okt., Ticket 13,50 €, T 05 56 02 11 50, www.bordeaux-citytours.com).

Urban Citytourist: Eine vielseitige Auswahl an Stadtrundfahrten, Rundgängen und Exkursionen findet sich bei diesem europaweit aktiven Unternehmen. Im Angebot sind etwa eine mehrstündige geführte Radtour, eine Segway-Fahrt, Ausflüge ins Weinbaugebiet, eine Tour durch Weinkeller, ein Rundgang mit Einheimischen oder eine Stadtrundfahrt im Elektroauto (www.city-tourist.de).

Bordeaux Tendances: Das Velotaxi bietet die Chance, eine geführte und umweltschonende Stadtrundfahrt nach individuellen Wünschen durchzuführen. Bordeaux Tendances verwendet dazu Rikscha-ähnliche Gefährte (www.bordeauxtendances.fr).

Themenrundgänge und Ausflüge: Über das Office de Tourisme (▶ S. 110) lassen sich weitere Stadtführungen buchen, auch solche unter klar definierten Themen. Ausflüge ins Weinbaugebiet mit Verkostung kann man in der Cité du Vin (▶ S. 59) oder der Maison du Vin (▶ S. 45) vereinbaren.

AUSFLÜGE IN DIE UMGEBUNG

Bahn: Das Bahnnetz der staatlichen SNCF (Societé Nationale des Chemins de Fer) ist weitmaschig. Zwischen Bordeaux, Arcachon, Dax, Bayonne, Biarritz, St-Jean-de-Luz und Hendaye verkehrt der Hochgeschwindigkeitszug TGV Atlantique (Reservierung obligatorisch. Auf anderen Strecken ab Bordeaux sind häufig regionale Expresszüge (TER) im Einsatz, so zur Pointe de Grave (2 Std.), nach Arcachon (1 Std.) und Dax (1 Std.). Bahnhof Gare St-Jean, rue Charles Domercq, T 08 36 35 35 35.

LOHNT ES?

Ob der **Bordeaux CityPass** wirklich Geld spart, hängt vom geplanten Besichtigungsprogramm, aber auch vom Organisationstalent ab. Es gibt den Pass für 24 Std. (29 €), 48 Std. (39 €) und 72 Std. (43 €). Enthalten sind freier Eintritt in viele Museen und Sehenswürdigkeiten sowie Preisnachlässe auf weitere Attraktionen – die man aber an einem Tag gar nicht alle abklappern kann. Eingeschlossen ist auch die kostenlose Nutzung von Straßenbahnen und Bussen. Wer sich allerdings überwiegend im Freien aufhält und die meisten Strecken zu Fuß zurücklegt, ist mit einem Tagesticket für Tram und Busse (4,70 €) oder gar mit Einzelfahrscheinen besser bedient (Details zum Pass auf www.bordeaux-tourisme.com/Preparer-son-sejour/Nos-produits/Bordeaux-CityPass).

Bus: Die SNCF unterhält auch Fernbusse, die ebenfalls in ihrem Fahrplan aufgeführt sind. Daneben existiert Transgironde als Anbieter von Busfahrten im Département Gironde, dessen Hauptstadt Bordeaux ist. In größere Städte brechen die Busse recht häufig auf, in abgelegene Regionen oft nur einmal pro Tag oder gar pro Woche. Die Regionalbusse fahren ab Gare St-Jean und Allées de Chartres, T 05 56 81 16 82, www.transgironde.fr.

Mietwagen: Sommergäste sollten schon daheim bei den internationalen Firmen ein Fahrzeug vorbestellen. In der Nebensaison hingegen finden Sie auch ohne Vorausbuchung das geeignete Automobil. Die Hauptanbieter sind vor allem am Flughafen und im Umkreis des Bahnhofs vertreten. Der Mieter muss mindestens 21 Jahre alt und seit mindestens 1 Jahr im Besitz der Fahrerlaubnis sein. Kaution oder Kreditkartennummer werden verlangt.

O-Ton Bordeaux

Schokobrötchen. *Pain au chocolat*, wie man andernorts sagt, wäre in Bordeaux ein Baguette mit einem Stück Schokolade drin.

Register

37, allées de Tourny 42

A
Acanthe 88
Adey Abeba 97
Aéroport Mérignac 5
Allées de Tourny 42, 43
Ambarès-et-Lagrave 81
Ambès 81
Ankunft 110
Arcachon 74, 77, 89
Art Home Déco 101
Aubert, Louis-Urbain, Marquis de Tourny 42
Au Comptoir des Capucins 91
Au Nouveau Monde 24
Aushopping 58
Au Siman 64
Ausgehen 104
Austern 37, 76

B
Bacalan 10, 55, 104
Badie 44
Bahnhofsviertel 6, 66, 86
Baillardran 92
Balguerie-Stuttenberg, Pierre 52
Banana Café 31
Banc d'Arguin 76
Bar de la Marine 57
Bars 105
Bartholdi, Frédéric-Auguste 52
Base Sous-Marine 54
Basilique St-Seurin 50
Bassens 81
Bassins à flot 11
Bastiden 63
Baud et Millet 47
Bègles Plage 69
Behinderte 110
Bioethnique Spa 89
Black List Café 91
Blanquefort 82
Bois de Thouars 82
Boîte à Huîtres 37
Bonheur, Rosa 49, 120
Books & Coffee 24
Bootfahren 84
Bootsrundfahrten 112

Bordeaux CityPass 80, 113
Bordeaux Stylos 101
Bordelaise 120
Boucher, Claude 36
Bouchons de Bordeaux 100
Bouscat 58
Breakfast Club 24
Brocante de Quinconces 100
Brocante du Dimanche 101
Bücher 99
Buchungsportale 86
Buffalo Bill 120
Bus 112

C
Cadiot-Badie 44
Café Bastide 94
Café des Arts 96
Café du Levant 91
Calicéo 85
Canelés 92
Cantat, Bertrand 106
CAPC – Musée d'Art Contemporain 52, 78
Cap Sciences 34
Casa de Goya 46
Casa Gaïa 92
Cathédrale St-André 22
Catherineau, Jean 84
Cave Millésima 83
Chaban-Delmas, Jacques 4
Chantiers de la Garonne 65
Chartrons 10, 51, 98, 104
Chassaigne, Françoise de 31
Château Pape Clément 69
Château Trompette 38, 40
Chez Aka 96
Chez Alriq 65
Chez Dupont 87
Cimetière de la Chartreuse 84
Cité du Vin 9, 10, 59

Cité Frugès 69
Cité Mondiale 9, 10, 34
Clos des Boulevards 88
Colbert, Kreuzer 34
Comptoir Cuisine 94
Comptoir d'Étienne 27
Coteaux de Garonne 11
Cousteau, Jacques-Yves 120
Cubzac 82

D
Darroze, Hélène 59
Darwin 11, 64, 98
Delikatessen 100
Design 101
Diabolo Menthe 99
Diplomatische Vertretungen 110
Djandoubi, Hamida 46
Domaine de Raba 87
Dune du Pilat 76

E
École de Cirque 56
Edward von Woodstock 120
Église Abbatiale Ste-Croix 67
Église des Grands Carmes 30
Église St-Siméon 84
Eiffel, Gustave 69, 82
Eleonore von Aquitanien 23, 30
Elsa Pop Vintage 103
Entrepôt Lainé 52
Entrepôt St-Germain 101
Esplanade des Quinconces 9, 10, 39, 40
Estacade 64
Etchebest, Philippe 37
Excuse my French Café 91

F
Fahrrad 112
Favreau-Cerrato, Micheline 45
Fémina 109
Ferreira, Hasnaâ 57
Feste 45

Register

Floh- und Straßenmärkte 100
Forêt du Bourgailh 82
FRAC Aquitaine 80
Freiheitsstatue 52
Frère Alphonse 84
Fronde 40
Frugès, Henri 69
Führungen 84, 112

G
Gabriel, Jacques-Ange 36, 49
Galerie Bordelaise 45
Galeries Lafayette 103
Garage Moderne 56
Gare St-Jean 67
Garonne 5
Gauguin, Paul 26, 84
Geschenke 101
Ginko 58
Girondisten 40, 41
Goya, Francisco de 45, 84
Graduate 103
Graffiti-Festival 80
Grand Hôtel de Bordeaux & Spa 38
Grand Théâtre 38, 109
Grech, Rick 120
Grosse Cloche 9
Guillotine 46
Guillotin, Joseph-Ignace 46
Gujan-Mestras 89
Guy & Sons 27

H
Halles de Bacalan 55
Hangars 6, 33, 54
Hauptbahnhof St-Jean 10, 86
Haussmann, Georges-Eugène 37
Hippodrome 58
Hölderlin, Friedrich 42
Hôtel des Fermes du Roi 36

I
IBAÏA Café 33
I.Boat 57, 109
Île aux Oiseaux 76

Informationen 110
Institut Culturel Bernard Magrez 80
Instituto Cervantes 46
Internet 110

J
Jacques Pouquet 100
Jardin Botanique 64
Jardin des Lumières 33
Jardin du Sequoia 87
Jardin PIP 57
Jardin Public 10, 49
Jean d'Alos 46, 100
Jullian, Camille 27, 29
Juppé, Alain 4

K
Karl 27
Karl VIII. 23, 30
Kartäuser 52
Kinos 106
Kitchen Garden 92
Kneipen 105
Koeben 95
Kreditkartensperrung 111
Kurioses 101

L
Laâge, Lou de 120
La Bastide 11, 62, 86
La Belle Saison 92
La Bocca 100
La Boutique Bordeaux 102
La Cape 94
La Course 87
La Dame Food & Club 57
La Flèche 21
La Maison du Glacier 27
La Meule du Berger 97
La Quatrième Mur 37
La Table de Bécassine 93
L'Atelier 5 103
L'Atelier des Chefs 97
Latitude 20 61
La Toque Cuivrée 92
L'Auditorium de l'Opéra National 109
La Vie Moderne 24
La Zone du Dehors 99
Le 7 61

Le 7 de Palmer 96
Lebensmittel 100
Le Bistrot du Fromager 34
Le Buro des Possibles 96
Le Café de France 41
Le Caillou 64
Le Chien de Pavlov 95
Le Confidentiel 95
Le Corbusier 69, 82
Le Cromagnon 93
Le K.baroque 94
Le Lion 63
Le Noailles 44, 47
Le Prince Noir 84
Les Bains (Bègles) 69
Les Bains de Cléopâtre 85
Les Bulles à Flotter 85
Les Chambres d'Art 87
Les Épicuriales 45
Les Halles de Bacalan 98
Le Shambhala 96
Le Spa dans le Noir 85
Les Passages 98
Les Petits Mots Bleus 91
Les Puces Bordelaises 100
Les Refuges Périurbains 89
Les Sources de Caudalie 85
Le Taquin 96
Le Teich 77
L'Hôtel Particulier 88
L'I.Boat 57, 109
Librairie Mollat 9, 46, 99
Librairie Olympique 99
Linder, Max 82
L'Intendant 45
L'Invitation au Voyage 87
Livemusik 106
L'Orangerie de Bordeaux 50
Lormont 56
Louis, Victor 38
Ludwig XIV. 38, 40
Ludwig XV. 32, 38
Ludwig XVIII. 33
Lussac 71

Register

M
Ma Cabane 89
Magasin Général – l'Épicerie 100
Maggesi, Dominique Fortuné 41
Maison du Vin 45
Maison Fredon 88
Maison Odeia 88
Mama Shelter 88
Marché Chartrons 98
Marché des Capucins 67, 98
Marché des Grands-Hommes 46, 98
Marché des Quais 34, 98
Marché St-Pierre 26, 98
Märkte 98, 100
Martin, Raymond 49
Matmut Atlantique 11, 58
Mauriac, François 44, 49, 51
Méga CGR Le Français 106
Mégarama 63, 106
Mériadeck 10, 98
Mérignac 82
Messieurs Croquent 31
Meyer, Daniel Christoph 42
Micheline & Paulette 53
Mietwagen 113
Miroir d'eau 33
Mode, Accessoires 103
Montaigne, Michel de 30, 41
Monument aux Girondins 41
Munchies 93
M.U.R. de Bordeaux 53
Musée d'Aquitaine 28, 38
Musée d'Art Contemporain (CAPC) 34, 78
Muséum de Bordeaux 49
Musée de la Création Franche 79
Musée des Beaux-Arts 78
Musée des Compagnons du Tour de France 79
Musée d'Éthnographie 79
Musée du Vin et du Négoce 52
Musée Mer Marine 78
Museen 78
Musée National des Douanes 36, 79
Musée Paléochrétien 50
Musik 99

N
Napoleon III., Kaiser 75
Nice Things Paloma S. 103
Notfälle 110
Notre-Dame d'Aquitaine 23
Notruf 111
Nulle Part Ailleurs 50

O
Orgelmusik 22

P
Palais de Congrès 58
Palais de la Bourse 36
Palais des Sports 22
Palais Gallien 50
Parc Bordelais 85
Parc de Bourran 82
Parc des Coteaux 81
Parc Floral 58
Parfumerie de l'Opéra 45
Passage Sarget 45
Passage St-Michel 22
Passerelle St-Jean 67
Pass Musées Bordeaux 80
Paul, Bäckerei 41
Paul's Place 95
Pavillon Garonne 95
Péreire, Émile und Isaac 74
Pessac 82
Pferderennen 58
Place Camille-Jullian 26
Place de la Bourse 10, 35
Place de la Comédie 45
Place du Marché Chartrons 53
Place du Parlement 27
Place Gambetta 46
Place Royale 38
Place Stalingrad 63
Place Tourny 42, 43
Planète Bordeaux 83
Pont Chaban-Delmas 5, 8, 10, 34, 56
Pont d'Aquitaine 8, 56, 84
Pont de Pierre 10, 20, 63
Porte Cailhau 23
Porte de Bourgogne 21
Porte de la Grosse Cloche 22
Porte Dijeaux 46
Portier, André 46
Pouquet 100
Presqu'île d'Ambès 81
Prieuré de Cayac 82
P'tit Chez Moi 53
Pyla-sur-Mer 76, 77

Q
Quai des Marques 34, 98
Quartier St-Pierre 25

R
Radfahren 85
Réserve Ornithologique du Teich 76
Rest'O 92
Rivière de l'Eau Bourde 82
Rocher de Palmer 81
Rock School Barbey 68, 108
Roule la Barrique 71
Route des Vins 82
Routes du Vin de Bordeaux 83
Rue du Faubourg des Arts 53
Rue Ste-Catherine 9, 10, 98
Rue St-Rémi 27
Rugby 58

S
Salmide (Heinz Stahlschmidt), Henri 4

Register

Saunion 100
Sauveterre-de-Guyenne 85
Schwule und Lesben 104
Seeko'o 87
Sempé, Jean-Jacques 120
Sesay, Isha 120
Shake Well 80
Sicherheit 110
Sing Yam 103
Skate Park Colbert 33
Sklavenhandel 31
Soko (Stéphanie Alexandra Mina Sokolinski) 120
Sourdis, François de 84
Stadtrundfahrten 112
St-André 22
Ste-Marie de La Bastide 65
St-Émilion 70
St-Loubès 82
St-Louis-de-Montferrand 82
St-Michel 10, 21, 22, 98, 104
St-Pierre 26
St-Seurin 50
St-Vincent-de-Paul 82
Surfen 5

T
Talence 82
Tango 4
Tautou, Audrey 51
Taxi 112
Theater 109
Théâtre des Beaux-Arts 67
Théâtre National de Bordeaux en Aquitaine (TnBA) 67, 109
The Market Tavern 53
The Wine Trail 83
Tofu'toi 91
Tourny, Marquis de (Louis-Urbain Aubert) 30, 36, 42
Tour Pey-Berland 23
Trafic 103
Tram 4, 112
Triangle d'Or 10, 43
Trintignant, Marie 106
Tristan, Flora 26, 84
Tutela (Tutelle) 38

U
Übernachten 86
U-Boot-Bunker 54
UGC Ciné Cité 106
Umweltfreundlich unterwegs 111
Urban Wine Bar 83
Utopia 27, 106

V
Veilhan, Xavier 63
Vélodrome 58
Venus von Laussel 29
Verdeun Maurice 102
Vernet, Carle 49
Vernet, Claude Joseph 33
Veuvenot Leroux, Gaston 49
Vieille Église St-Vincent 79
Village Notre-Dame 53
Vintage Paradise 103
Vinyl 99
Vivres de l'Art 57

W
W.A.N. 102
Week-end de l'Art Contemporain (WAC) 80
Wein 5, 27, 29, 30, 45, 59, 73, 83, 120
Wellness 85

Z
Zadkine, Ossip 49
Zébra3 80
Zirkusschule 56

Das Klima im Blick
Reisen bereichert und verbindet Menschen und Kulturen. Wer reist, erzeugt auch CO_2. Der Flugverkehr trägt mit bis zu 10 % zur globalen Erwärmung bei. Wer das Klima schützen will, sollte sich – wenn möglich – für eine schonendere Reiseform entscheiden oder die Projekte von atmosfair unterstützen. Flugpassagiere spenden einen kilometerabhängigen Beitrag für die von ihnen verursachten Emissionen und finanzieren damit Projekte in Entwicklungsländern, die dort den Ausstoß von Klimagasen verringern helfen (www.atmosfair.de). Auch die Mitarbeiter des DuMont Reiseverlags fliegen mit atmosfair!

Abbildungsnachweis | Impressum

Abbildungsnachweis
Fotolia, New York (USA): S. 48 (choupi33); 54 (claudiameyer); 4 o. (nbnserge)
Getty Images, München: S. 8/9 (alxpin); 86 (Andia/UIG); 85 (Patrice Coppee); 120/3 (Mario Geo/Toronto Star); 120/5 (Patrick Hertzog); 120/4 (Dimitrios Kambouris); 74 (Anton Petrus); 120/7 (Swim Ink 2, LLC/Corbis)
Manfred Görgens, Wuppertal: S. 12/13, 23, 25, 26, 28, 29, 30, 33, 39, 40, 62, 66, 69, 71, 90, 98, 99, 102, 111, 112
Huber-Images, Garmisch-Partenkirchen: S. 75 (Günter Gräfenheim); Titelbild, Faltplan, 20, 70 (Luigi Vaccarella)
laif, Köln: S. 36 (hemis.fr/Arnaud Chicurel); 51, 94 (hemis.fr/Bertrand Gardel); 44 (hemis.fr/Franck Guiziou); 7, 82, 108 (hemis.fr/Patrice Hauser); 16/17, 56, 80, 104 (hemis.fr/Ludovic Maisant); 35 (NYT/Redux/Rodolphe Escher); 14/15 (NYT/Redux/Susan Wright); 52, 89 (REA/Baptiste Fenouil); 21, 64, 95, 97, 101 (REA/Sebastien Ortola)
MATO, Hamburg: Umschlagklappe hinten (Onlyfrance/Javier Gil)
Mauritius Images, Mittenwald: S. 67 (age fotostock/J.D. Dallet); 78/79 (Alamy/Jéronimo Alba); 93, 107 (Alamy/Kevin George); 59 (Alamy/Roussel Images); 43, 55 (Alamy/travelstock44); 120/2 (Alamy/Classic Image)
picture-alliance, Frankfurt a. M.: S. 120/8 (AP Content/Rémy de la Mauvinière); 120/9 (Geisler-Fotopress/Clemens Niehaus); 120/6 (Geisler-Fotopress/Steve Vas); 120/1 (Liszt Collection); 32 (MAXPPP/Laurent Theillet)
Shutterstock.com, Amsterdam (NL): S. 72 (GoodMood Photo); 92 (Piotr Krzeslak); Umschlagklappe vorn, 105 (redzen2); 4 u. (RossHelen)
Zeichnung S. 5: Antonia Selzer, Lörrach
Zeichnungen S. 2,11, 22, 38, 41, 60, 65, 72, 76: Gerald Konopik, Fürstenfeldbruck

Kartografie
DuMont Reisekartografie, Fürstenfeldbruck
© DuMont Reiseverlag, Ostfildern

Umschlagfotos
Titelbild und Umschlagklappe: Auf der Place de la Bourse

Hinweis: Autor und Verlag haben alle Informationen mit größtmöglicher Sorgfalt geprüft. Gleichwohl sind Fehler nicht vollständig auszuschließen. Alle Angaben erfolgen ohne Gewähr. Bitte schreiben Sie uns! Über Ihre Rückmeldung zum Buch und Verbesserungsvorschläge freuen sich Autor und Verlag:
DuMont Reiseverlag, Postfach 3151, 73751 Ostfildern,
info@dumontreise.de, www.dumontreise.de

1. Auflage 2019
© DuMont Reiseverlag, Ostfildern
Alle Rechte vorbehalten
Autor: Manfred Görgens
Redaktion/Lektorat: Sebastian Schaffmeister
Bildredaktion: Stefan Scholtz
Grafisches Konzept: Eggers+Diaper, Potsdam
Printed in China

Kennen Sie die?

9 von 249 712 Bordelaisern

Edward von Woodstock
Angeblich trug er eine schwarze Rüstung – deshalb ›The Black Prince‹. 1355 eroberte er Bordeaux, regierte dort als Herzog und führt heute ein Nachleben als Schlossgespenst.

Rosa Bonheur
Wie kann man nur – so vergessen werden? Ihre Werke waren im 19. Jh. die teuersten. Buffalo Bill hatte den Herzenswunsch, von ihr gemalt zu werden. Der wurde anlässlich der Weltausstellung in Paris 1889 Wirklichkeit.

Rick Grech
Er war Teppichverkäufer, bevor er 1990 an einer Hirnblutung starb. Sein Claim to fame besteht allerdings darin, dass er als Bassist die großen Rockmusiker seiner Zeit begleitete und auch Mitglied der Supergroup Blind Faith war.

Isha Sesay
Bekannt wurde sie als Moderatorin bei CNN, das sie verließ, als das Thema Trump zu groß wurde. Sie gründete die Organisation ›W.E. can lead‹, um die Rechte von Frauen zu stärken.

Jacques-Yves Cousteau
Guinness (die mit den Rekorden) schenkten dem Forscher und Taucher ein Boot, das als ›Calypso‹ Basis für die Fernsehserie »Geheimnisse des Meeres« wurde.

Soko
Der vollständige Name zieht sich: Stéphanie Alexandra Mina Sokolinski. In den Songs der Sängerin mit italo-russisch-polnischen Wurzeln verbinden sich englische Texte mit französischem Akzent.

Bordelaise
So eine Flasche! Pierre Mitchell, Gründer der Königlichen Glasfabrik in Bordeaux, erfand 1725 die Bordelaise, eine zylindrische Weinflasche mit breiten Schultern und gewölbtem Boden, dessen Rille den Bodensatz fängt.

Jean-Jacques Sempé
Paris Match, New York Times und Punch wären ohne seine Zeichnungen nur das halbe Vergnügen. In seinen Karikaturen verliert sich der Held, ist kaum der Rede wert – und verhält sich auch so.

Lou de Laâge
Jappeloup ist ein Pferd, eine Legende und ein Film, der ihr 2014 eine Nominierung für den César als Nachwuchstalent brachte. Für die Hauptrolle in »Agnus Dei – Die Unschuldigen« erhielt sie den Romy-Schneider-Preis.